读点石油财经丛书

布局
中国石油安全的外交战略

秦扬　李秀铎　著

石油工业出版社

内 容 提 要

本书旨在冲破石油政治的重重迷雾，详述中国石油外交的台前幕后，揭示中国石油对外战略构建的谋略思考和内在的结构期许，呈现出中国建立在平等互利基础上的石油外交的全球布局。

图书在版编目（CIP）数据

布局：中国石油安全的外交战略 / 秦扬，李秀铎著.
北京：石油工业出版社，2015. 7
（读点石油财经丛书）
ISBN 978-7-5183-0719-7

Ⅰ. 布…
Ⅱ. ①秦… ②李…
Ⅲ. 能源政策—对外政策—研究—中国
Ⅳ. F426. 2

中国版本图书馆CIP数据核字（2015）第092799号

布局：中国石油安全的外交战略
秦 扬 李秀铎 **著**

出版发行：石油工业出版社
（北京市朝阳区安华里二区 1 号楼 100011）
网 址：www.petropub.com
编 辑 部：(010) 64523604 发行部：(010) 64252978
经 销：全国新华书店
印 刷：北京晨旭印刷厂

2015年7月第1版 2015年7月第1次印刷
740 × 1060 毫米 开本：1/16 印张：13
字数：200千字

定 价：39.00元
（如发现印装质量问题，我社图书营销中心负责调换）

本书编委会

本书策划：四川石油天然气发展研究中心

主　　编：秦　扬　李秀铎

副 主 编：何　沙　吴小莉

编　　委：（按姓氏笔画排序）

乔力广　刘　帅　刘念鸿　朱　林

何　沙　吴小莉　张素萍　李秀铎

李雅静　周秋旭　庞　敏　罗　丹

姬荣斌　徐　腾　秦　扬

《读点石油财经丛书》

总序

在全球化视野下，能源问题已经成为国际政治、经济、环境保护等诸多领域的中心议题，甚至成为国际政治的重心。国家间围绕世界能源的控制权所进行的激烈争夺，各国维护自身利益所制定的能源安全战略，以及各国政府积极主导的替代能源开发，使能源问题日益成为国际社会的焦点；油价波动、低碳经济、气候变化以及环境保护等诸多问题，不仅是政府首脑、智库学者的案头工作议题，而且成为切切实实的民生问题。中国在能源领域的国际合作也在不断扩大，从最初的以石油天然气为主，扩展到了煤炭、电力、风能、生物质燃料、核能、能源科技等各个方面，伴随着能源问题的国际化，中国也从国际社会的幕后走到台前，承担的责任越来越重。

中国石油作为国有大型骨干企业，承担着履行政治、经济、社会三大责任，承担着保障国家能源安全的重要使命，围绕着建设世界水平的综合性国际能源公司这一战略目标，积极实施“资源、市场和国际化”三大战略，推进改革创新，坚持有质量有效益可持续发展，注重国内外资源和市场的开拓，取得了巨大成就。但是，能源问题不再是一个简单的经济问题，石油企业的海外发展往往伴随复杂的国际政治、经济、社会和环境因素。引人瞩目的中俄石油管线一波三折，中国海油收购美国优尼科石油公司的无果而终，无不打着深刻的政治烙印。中国石油企业的海外创业经验，给扩大国际能源合作提出了一系列亟待研究的重要课题。

在此背景下，组织国内外能源领域的专家、学者，研究能源领域的前沿问题、热点问题，将学术研究与企业决策支持相结合，显得十分必要和迫切。为此，我们考虑建立一种长效机制，从国外引进一批优秀的国际石油政治、经济、金融、法律类图书翻译出版，并与国内专家学者的研究成果结合起来，组成“读点石油财经丛书”系列，计划每年出版10种左右的图书，逐步形成一定的规模，起到一定的借鉴、参考和决策支持作用。

我希望通过“读点石油财经丛书”的陆续出版，为石油企业广大干部、员工提供国内外最新的石油财经方面的知识储备，为大众读者拓宽能源问题的全球视野。

王国樑

中国石油天然气集团公司原党组成员、总会计师

序言

能源是世界经济发展的动力，石油曾经被认为是世界经济的“血液”。以石油为代表的世界能源形势的变化，影响着全球化时代世界经济形势的发展，也体现了世界经济格局的变化。当今的能源问题不仅仅是经济问题，更是关乎国际秩序、地缘政治、国家安全的重大问题。

中国是人均资源拥有量相当贫乏的国家。资源、能源、环境等已经成为制约中国经济持续快速发展和人民生活水平提高的关键因素。随着中国经济的发展，中国在能源，特别是石油的供求方面的矛盾更加突出。中国海关数据显示，2015年4月，中国石油进口达到每日740万桶。按照这个速度，2015年下半年，中国将超越美国成为世界上最大的石油进口国。因此，国际石油市场的任何风吹草动，都会从各个方面对中国的国家利益产生巨大的影响。“天下之患，最不可为者，名为治平无事，而其实有不测之忧”。中国必须在能源问题上有长远的规划。

事实上，早在20世纪90年代初期，中国由石油出口国变为石油进口国的时候，能源问题就成为中国外交关注的问题。只是那个时候中国的能源进口量不大，问题还不是十分突出，能源外交并没有引起足够的重视。进入21世纪后，随着中国经济的快速发展，能源消耗扩大，油气进口持续增加，能源安全更加突出。与此同时，随着中国进一步融入国际社会，参与更多的国际合作，中国外交“多元化、全方位”的特点更加明确。能源外交在中国总体外交中的重要性更加突出，能源外交也更加突出地体现出中国外交的鲜明特色。特别是从2004年起，中国明显加强了对中东、俄罗斯、中亚、东南亚、非洲以及拉美等主要产油国的外交活动：和俄罗斯、哈萨克斯坦石油的管道建设进展很快；通过10+3框架，跟东盟国家的油气合作进展顺利；中日韩三国加强了能源对话与合作；与非洲和南美的合作也取得了很大进展；集中了油气资源国、消费国和过境国的“一带一路”战略布局正在进行；在世界许多区域石油战略布点并在不少地方已基本扎下了根……

不管是从保持新常态下中国经济持续健康发展，还是从维护中国的总体安全考虑，开展能源外交，都是当前中国外交工作的重要任务。2014年6月13日，习近平总书记在中央财经领导小组第6次会议上明确提出“全方位加强国际合作，实现开放条件下能源安全。”秦扬、李秀铎两位学者的《布局：中国石油安全的外交战略》一书收集了近年来中国石油外交的若干案例，对中国为保证石油供给和维护能源安全而展开的外交活动做了较深入的阐述和分析，勾勒出新时期中国能源外交的布局和轮廓，探讨了中国石油外交的内涵，对中国石油安全提出了自己独到的看法，是了解中国能源安全状况，认识中国能源外交特点的一本佳作。相信该书的出版不仅对于那些对能源外交感兴趣的学界同行，而且对于在经济新常态下为实现中国能源安全而工作在一线的实践者都是有益处的。

张清敏

2015年5月于未名湖畔

（张清敏先生为北京大学国际关系学院外交与外事管理系主任、教授、博士生导师。）

前言

近代以来中华民族倍受欺凌，一部近代史就是一部中华民族的屈辱史和抗争史。新中国成立后，中国共产党带领中国人民为实现中华民族伟大复兴开始了艰难探索和不懈努力。进入21世纪后，中国犹如一只涅槃后翱翔而起的凤凰，成为世界第二大经济体，取得了前所未有的国际地位。中国在本世纪如何行动将对世界产生关键性的影响。

党的十八大提出，在中国共产党建立一百年时，全面建成小康社会；在新中国成立一百年时建成富强民主文明和谐的社会主义现代化国家，成为国际社会上拥有较大影响力的强国。这是未来的国家战略，也是实现中华民族伟大复兴的必由之路和伟大梦想。

对于中国而言，衡量这个伟大战略实现的尺度就是综合国力。为此，目前中国正在努力实施以全面提升由经济、军事和外交实力为目标的强化国家、产业和企业竞争力的国家战略。中国在经济、产业、军事、外交、教育等各个领域都制定了以“强国”为理念的国家战略。包括互联网在内的国内媒体也充斥着“能源资源战略”“信息化战略”“人才强国战略”等都冠以“战略”的词汇。我国上至国家领导人，下到普通老百姓都对实现国家富强有着共同的愿望。

据统计，改革开放后，中国经济总量占全球的比重已经由1978年的1%上升到2013年的12%。如果这样的发展速度继续下去的话，我们就必然会面临下面的问题：水资源紧缺、环境恶化、食品供给不足、地理资源和自然能源有限，再加上过去几年进行的基建投资、生产投资和房地产投资带来很多债务和泡沫增长等等。国务院于2008年3月17日确定第一批资源枯竭城市共12个，于2009年3月5日确定了第二批32个资源枯竭城市。2011年11月底，国务院界定了第三批25个资源枯竭城市和大小兴安岭林区9个县级单位参照执行资源枯竭城市。这些曾经以“铜城”、“煤城”等富含矿物著称的城市，因无度开发而资源逐渐枯竭，经济陷入困境。辽宁省阜新市是1949年后建立的最早煤电之城。阜新建成的海州露天矿曾是亚洲最大机械化、电气化露天煤矿。但经过50年开采，海州露天煤矿于2005年因资源枯竭而关闭，成为迄今世界最大的废弃人工矿坑。1993年，一个标志性的事件静悄悄地发生了：曾经是石油净出口国的中国，从这时起开始成为石油净进口国。石油进口的不断增长仅仅是中国迅速发展的制造业对全球资源需求的一部分。从20世纪90年代后期开始，“能源外交”开始提上中国外交部门的议事日程，并迅速成为当代中国外交的重要课题之一。这是中国不断走向世界，中国的产业结构和经济增长方式不断国际化、全球化的必然要求。以石油资源为重点的能源外交是对中国国家能力提出的新挑战和新要求。中国以石油为重点的能源外交，通过不断建立和发展与资源丰富国家的友好合作关系，开拓和形成有利于中国资源经营企业海外投资的商业环境，进而建立起以资源合作为纽带的战略性同盟，成为中国国家利益的自然延伸。

经过多年努力，中国的石油供应在能源外交和扩大海外能源战略的双重推动下，正在逐步形成多种输送渠道、多样化保障领域和多元化供应来源的石油供输机制。尽管如此，中国的整个能源资源外交的形势依然十分严峻。中国制造业的迅速发展与资源紧缺之间的紧张关系长期化的趋势，预示着在当前世界能源和原材料价格波动剧烈、不稳定性大增的局面下，中国经济的稳定和持续发展，将在相当长时间内面临国际市场的供求关系与价格的双重冲击。

不仅如此，我们还要说明的是，对中国能源外交的猜疑、压力和指责，以及其他大国对中国消极的战略防范，也一直是困扰中国能源外交的重要因素。中国经济持续增长必然带动中国海外资源需求的不断扩大，这是中国的资源条件所决定的，也是所有工业化国家曾走过的道路。但国际社会某些人却为此指责目前的资源价格波动是中国造成的，并将中国积极开拓海外资源来源的商业努力视为中国“敌意性”的战略扩张，将中国与拉美各国互利的经贸合作称为中国在“打进”美国的传统“后院”，是在和美国争夺全球战略影响力。美国国会成立的美中经济安全评估委员会就经常指责中国对美国的所谓“威胁”。总之，资源外交的深化也难以避免地会带动各方面复杂的战略与安全冲突。对中国来说，这既是对中国外交的新考验，也是中国发展道路上将会遇到的长期挑战。

如果以上这些问题最终无法得到优化解决，那么中国经济的可持续发展就难以实现，中国的强国梦也将随之化为泡影，而且全面建成小康社会的目标也将无法实现。然而，如果中国能够顺利地解决这些问题，那么中国将在和平发展的道路上走得更加顺畅，并给世界带来新的发展机遇。

基于以上认识，本书力图通过以中国的石油安全关切为着眼点，分析中国石油外交的谋略理念和具体实践，根据现阶段已经明确的具体外交战略和政策，来探究中国石油外交战略的实质意义，并论证其实现的可能性。

目录

经济全球化是真正意义上的相互依存，是当今世界经济发展的最显著特征。任何一个国家和地区的发展都不能漠视、忽视、无视或超越经济全球化来谈发展、搞建设。中国是在经济全球化进程中进行改革并通过改革谋求发展的探索者、参与者和实践者。透过“经济全球化”的多棱镜，折射出中国的多重镜像：一个世界上最大发展中的中国，一个正处于并长期处于社会主义初级阶段的中国，一个处于工业化后期阶段的中国，一个迈入全面建成小康社会的决定性阶段的中国，正屹立于世界民族之林。基于此情形，要保持经济持续稳定健康的发展，必须积极参与和利用好经济全球化，结合中国能源安全的现状，正视经济全球化给中国能源安全带来的挑战，着力保障中国能源经济安全，保持经济持续稳定健康的发展。

1994年，美国学者莱斯特·布朗（Lester Brown）写了《谁来养活中国？》（*Who Will Feed China*）一书，布朗算了一下，中国人均耕地面积只有1.3亩，人口还在增加，他因此很担心中国的粮食不够吃。现在，20年过去了，中国人民用实践给出了有力的回答：中国人不但自己可以养活自己，而且中国人的生活水平还在日益提高。中国是一个人口大国，但却是一个人口密度大、人均能源资源比较低、环境污染严重的发展中国家。那么中国如何解决自身的能源保障问题呢？又有人提出：中国的能源问题谁来解决？意思是说，中国的能源问题根本解决不了。毫无疑问，能源是中国可持续发展需要解决的首要瓶颈问题。保障好中国经济的持续稳定健康发展，就要协调处理好可持续发展与包括石油在内的能源问题。

中国持续30多年的GDP高速增长，快速的工业化、城市化，每年上千万的人爬上轮子以车代步，雨后春笋般的房地产项目，这些都需要强大的能源系统来支撑。就油气资源来说，其拥有量已成为一个国家、一个地区综合实力和发展潜力的重要标志。但问题是，中国油气资源相对贫乏，后备可采储量不足，天然气开发程度比较低，国内储量和产量远不能满足自身油气能源的需求，国内资源需要接替，要有海外资源作为补充，必须要充分利用两种资源和两个市场。因此，中国“走出去”的油气资源发展战略势在必行。

依赖是指行为体受外力支配或影响的状态。相互依赖产生于相互交往各方彼此的付出，代价的大小和影响并不是完全对等的。解决国家的石油安全问题，主要靠“安全地依赖”，就是说不要因为依赖而使自己变得脆弱。应该做到既依赖，命运又掌握在自己手里，做到“安全依赖”。我们不仅要跟生产国搞好关系，同时要跟消费国搞好关系。在能源战略上，观念更新最为重要。看待石油安全问题就要站到战略的高度，站到国际安全、全球安全的角度来思考，不可以简单地随波逐流。

据悉，如果不采取任何措施抑制能源消费，到2030年，中国约75%的石油要靠进口。届时，中国每年将消耗约8亿吨石油。这比中国2013年消耗的石油总量高出约60%。随着石油对外依存度的加大，中国石油海外战略问题已经十分严峻地摆在我们面前。现在所有国家都是整个全球市场的组成部分。一个国家的能源政策，不站在全球的角度去考虑，就不是一种切实可行的方案。应当全面掌握并精妙运用国际市场的游戏规则，让中国石油企业"走出去"，以市场化手段积极架构国际化经营战略。

第 6 章 “油库中东”与中国石油安全 / 79

中东蕴藏着丰富的石油资源，是世界重要的石油阀门。当前，中国从中东地区进口原油占中国原油进口总额的一半以上；从整个阿拉伯地区进口量占中国总进口量的70%。虽然中国积极推进石油进口来源多元化，但从现实看，短期内难有其他地区取代中东。中国经济对中东石油的依赖也是一种非对称的依赖，中国经济对中东石油的依赖度大于后者对前者的依赖度，从而使中国经济显得极为脆弱。中国与中东国家的能源合作关系是确保中国能源安全的关键。

第 7 章 中亚—俄罗斯的油气政治与中国 / 101

与中国接壤的俄罗斯及中亚国家的能源矿产资源非常丰富，特别是石油天然气资源。俄罗斯天然气开采量48万亿立方米，占世界探明储量的1/3，居世界之首。俄罗斯掌握着中亚能源出口的管道控制权，迄今80%以上的油气是通过欧洲和独联体其他市场，因此俄罗斯在中亚油气开发中拥有特殊影响力。了解俄罗斯能源战略意图及俄罗斯和中亚国家天然气合作之间的错综复杂关系，对顺利推进中国与俄罗斯及中亚国家的能源合作意义重大，有利于促进中国—中亚—俄罗斯的油气资源合作步入多边轨道，为中国陆上能源安全大通道建设开创广阔前景。

第8章 走进“能源非洲”的中国谋略 / 123

非洲是除中东之外能源储藏量最为丰富的地区。非洲是世界八大产油区之一，也是中国第二大油气来源地。西方石油公司进入非洲油气领域具有70多年的历史，西方石油公司在非洲从事油气生产长达50多年。西方石油公司除了从非洲攫取大量的资源财富外，并没有使非洲资源国走出“资源诅咒”的怪圈。纵观西方石油公司在非洲油气领域的投资过程，面对非洲过去难以持续的发展方式，要稳定地、可持续地获得非洲能源资源，不仅需要有稳定的、可持续的非洲能源来源，还需要中国加强对非关系政策，尤其是能源政策方面的协调。

中国南海主要有10多个油气盆地、200多个含油气构造区块，常规油气资源量预计约350亿吨油当量，其中230亿吨分布在中国传统海域内，约占中国油气总资源量的1/3。迄今为止，南海周边国家已经在南海钻了1380口油井，全世界各大石油公司都从中分得一杯羹。相比之下，中国对南海油气资源的开发进展缓慢。若南海油气资源被他国掠夺，中国海域将失去约2/3的可采油气资源。当前，面对南海油气资源问题，中国不仅要盯住主权，还要盯住产权。南海油气资源的维权，既要国家利益，也要实际的经济利益。

恐怖分子干扰全球经济的最有效手段之一就是打击石油供应。就运输渠道来说，世界上的大部分石油和天然气是通过全球海盗最猖獗的水域运输的。如今，恐怖主义团伙已经把海盗活动看作获取充足资金的潜在手段。就涉恐的能源安全来说，通过海路延伸、将西方和亚洲经济体与中东联系到一起的无所不在的能源供应线比以往任何时候都更脆弱。新疆反恐斗争不容忽视：新疆的面积是日本的4倍还多，有丰富的石油和天然气；新疆是中国发展、稳定和长远能源稳定的枢纽，包括反恐斗争在内的新疆维稳对中国石油安全极为重要。

第1章
问题的背景：经济全球化与中国镜像

经济全球化是真正意义上的相互依存，是当今世界经济发展的最显著特征。任何一个国家和地区的发展都不能漠视、忽视、无视或超越经济全球化来谈发展、搞建设。中国是在经济全球化进程中进行改革并通过改革谋求发展的探索者、参与者和实践者。透过"经济全球化"的多棱镜，折射出中国的多重镜像：一个世界上最大发展中的中国，一个正处于并长期处于社会主义初级阶段的中国，一个处于工业化后期阶段的中国，一个迈入全面建成小康社会的决定性阶段的中国，正屹立于世界民族之林。基于此情形，要保持经济持续稳定健康的发展，必须积极参与和利用好经济全球化，结合中国能源安全的现状，正视经济全球化给中国能源安全带来的挑战，着力保障中国能源经济安全，保持经济持续稳定健康的发展。

1832年，英国首相帕麦斯顿对英国上院说了这样一段话：“大英帝国维护殖民体系的目标之一，就是要保证我们能从世界各地源源不断地输入我们所需要的资源，并防止这些资源被对我们有敌意的国家所控制，”他接着说，“迄今为止，我们一直能做到这一点，这是大英帝国的骄傲。”

今天，像帕麦斯顿宣称的那样通过殖民体系来保证资源输入的时代已经彻底结束了，因为我们处于一个经济全球化的时代，但保证自然资源的可靠输入却仍是任何一个工业化国家安全与发展战略的基本组成部分，也是任何大国通过工业化进程实现可持续的国力强盛的基础。也就是说，在经济全球化的时代，作为工业血液的石油等重要资源的可靠输入问题依然是大国强盛的基本保障。面临当今开放的经济全球化的世界，资源配置跨越国界，这种巨变必然使得中国解决石油问题要依靠世界市场，必须应对经济全球化的浪潮。

经济全球化

我们是在发展主题下谈论经济全球化的。发展可以看作不同集团、不同人群、不同国家和民族彼此之间相互博弈的过程，可以看作国际和国内经济、政治、文化等各种因素相互作用的过程，也可以看作充满矛盾和冲突而又可能产生统一与合作的过程。这里没有一种必然性注定某个国家发展起来，也没有一种必然性注定某个国家发展不起来，一切取决于人们的努力，取决于人们做什么以及如何做。发展起来或发展不起来的必然性蕴含在有些时候看起来是偶然的人们的行为中。

在经济全球化的时代，由于资源跨越了国界配置，能否取得长足的发展，主要依靠是否能够顺利地利用广泛的世界市场资源，这不单单依靠市场资源本身，还依赖人们对市场的认知。就对经济全球化的认识而言，一方面，经济全球化与既往的发展存在着内源关系，是发展依其市场自身逻辑延伸而产生的一个自然结果。假如我们阅读一下相关文献，就会发现西方学者对此有着大量的论述。阿兰·伯努瓦从商品经济史的角度指出："全球化并不是偏离常轨，也不是一种激进的变革，更不是人为策划的结果"，而是在个体主义和普遍主义的环境下，以开放交流为基础、以主观性和物质成功的形而上学为依据，开始于14世纪意大利城市国家时期的长期商业发展，中间经过"大发现"和工业革命而延伸至今的那种经济的继续。格雷厄姆·汤普森用统计数字说明，"经济活动的国际化并非新东西。"威廉.K.塔布引用了马克思的一段话："资产阶级，由于开拓了世界市场，使一切国家的生产和消费都成为世界性的了……过去那种地方的和民族的自给自足和闭关自守状态，被各民族的各方面的互相往来和各方面的互相依赖所代替了……一句话，它按照自己的面貌为自己创造出一个世界……”说明从历史的观点看，世界政治经济并没有比100年或150年前更加全球化。作为对“神化”全球化言论的一个反诘，上述话语明晰地透显出贬抑全球化的鲜明意向。当然，此种意向是否恰当有商讨的余地，但言语本身所揭示的经济全球化与既往发展的内源关系无疑是一个事实。

虽然经济全球化与既往发展有着内源关系，虽然历史事实也证明了这一点，但它之所以引起人们如此的关注，毕竟不是因为其与过去相同，而是因为它的许多不同于以往的新变化，呈现一些新特点。举例来说，在发达国家与发展中国家间的贸易中，“原材料—产品”模式已被打破，工业制成品的地位超过了原材料，成为交易的主要对象。资本主义卖的不再仅仅是商品和货物，它还卖标识、声音、图像、软件和联系。可以说，几乎人类生活的一切都被列进自由贸易的清单，做了市场行为的对象物。整个市场在世界化，经济在一体化，交往主体在多样化。国家不再是国际关系的唯一参与者，支配投资和贸易的跨国公司扮演着越来越重要的角色。“今天，全球资本一体化已经打破了生产体系的国家界限，把各个部分重构为一个全球生产体系。这一生产体系的各组成部分是分散的，远远超出了公司所在的地理位置，有时甚至不受公司的财政控制。产品凝聚了如此多产地的技术成分，以至于人们无法辨认每个国家的具体贡献，也无法区分制造该商品的劳动者的国籍……全球化以普遍消除资本的区域性为特征，正在使资本重新组合。‘流动空间’正取代‘地域空间’，换句话说，地域正被网络取代，而网络不再对应于某一具体区域，而是被纳入世界市场内，不受任何国家的政治限制。

政治空间和经济空间在历史上第一次不再联系在一起。这才是全球化更深层的意义。”如同以往发展阶段上不同国家、不同地区、不同民族和人群曾经有过的机遇和挑战一样，今天，在经济全球化进程中，人们同样既面临机遇又面临挑战。

“世界经济活动日益国际化，各国之间的相互交流、相互依存日益加深。经济全球化使各种生产要素在全球范围内优化组合和资源优化配置，从而促进全球经济的迅速发展。”对于中国这样一个发展中国家来说，经济全球化提供的机遇可以概括为四点。

大量引进外资。资本是经济增长的重要推进因素，是发展中国家极为稀缺的资源。经济全球化的一个特点，是大量的外国资本四处游弋，它们窥视着地点和方向，随时准备投入进去，扩张满足自己，这为我们吸引外资提供了可能。实际情况也是如此，30多年来，中国充分发挥资源、劳动力等要素优势和巨大的潜在市场优势，成为国际直接投资的热土，外资成为推动中国经济发展和技术进步的重要力量。1979—2012年，中国实际使用外商直接投资12761亿美元，1984—2012年以年均18%的速度高速增长。目前，来华投资的国家和地区超过190个，在华外资企业数量已超过28.5万家，跨国公司世界500强已有480多家在华投资或开展经营活动。中国吸收外资已连续20多年位居发展中国家首位。

开拓海外市场。市场是经济发展的命脉。按许多人的看法，经济全球化是市场经济的全球化，是市场及其规则在全球范围内的形成和扩张。融入到经济全球化进程中去，有助于产品进入其他国家的市场，有助于避免市场准入中的歧视性待遇，有助于参与市场规则的制定，从而使我们有可能获得一个更加广阔的国际市场。就外贸来说，2013年官方媒体称，“对外贸易总量从1978年的206亿美元增至2012年的38671亿美元；连续多年成为吸收外商直接投资最多的发展中国家；对外直接投资存量2012年底达到5319亿美元……改革开放35年，中国日益融入国际市场，对外开放的广度和深度不断拓展，实现了从封闭半封闭到全方位开放的伟大历史转折。这是中国从大规模‘引进来’到大踏步‘走出去’的35年，也是中国抓住全球化机遇一跃成为世界贸易大国的35年。”

整合利用海外资源。能源资源是经济全球化市场配置的核心要义。市场经济的全球化就是要使资源能够在全球范围内跨越国界优化配置。从能源资源层面来看，经济全球化已经将市场经济延伸到了生产领域中，有利于提高经济效益和效率。整合利用海外能源资源，有助于包括人力资源、自然资源在内的一切生产要素的最优化配置。随着中国经济持续高速增长，资源耗费量不断增大，资源短缺的矛盾日益突出。目前，在中国45种主要矿产中，有一半以上资源储量消耗速度大于探明矿藏增长速度。石油、富铁矿、铜、钾等大宗矿产进口量逐年增加，这些都需要整合利用海外资源来加以解决。“从1978年到2000年，中国的能源需求总量翻了一番，从5.7亿吨标准煤增至12.8亿吨标准煤，占能源消费量20%左右的石油消费也直线上升。转折点出现在1993年，当年中国进口了991万吨原油和精炼油制品，从石油净出口国变成了石油净进口国。不过，由于采取了调控措施，中国的石油进口在1994年和1995年并没有立即快速上升，而出现了徘徊态势。然而，到了1995年后，石油进口量以不可阻挡之势急剧上升。到2000年，中国进口石油总量已达7000万吨，几乎占2.2亿吨总消费量的三分之一。”2013年全年中国累计进口原油2.82亿吨，创造了历史最高纪录。现在，中国已超过日本成为仅次于美国的全球最大的能源消费国。这些海外能源资源的输入，充分保障了中国改革开放以来的经济腾飞。

促进经济改革调整。经济体制改革和产业结构调整、优化，是中国走向现代化的必然举措，每一步实际行动，都同中国社会的发展进步联系在一起。最初，这种调整和优化出于国内发展需要而进行，在经济全球化的今天，对外交往的需要、国际规则系统的存在和交往对象的认同，也向我们提出“接轨”要求。这种外部要求反过来又会促进内部需要的满足，并且在一些时候、一些情况下，起到内部需要所起不到的作用，从而为体制改革、结构调整、机制转换等项工作做得更快更好提供可能。一方面，由于在传统经济体制中缺乏市场经济体制基础，借鉴发达国家市场体制的经验大大节约自我探索的成本。在这方面，大到市场经济制度确立，小到现代企业制度、知识产权观念和制度的确立，再具体到企业经营方式的转变，在很大程度上学习应用了发达国家的经验。另一方面，由于原有利益结构的刚性，许多重大的改革措施仅仅依靠自身改革很难迅速推进，往往是在借助全球化的利益诱导和外来压力下才得以快速确立。例如，按照加入WTO（世界贸易组织）的承诺，中央和地方政府在很短时间内就修改和废除了与市场经济相悖的数千条法规；电信、电力、金融和公用事业中的行政性垄断也是在“入世”压力下才有了实质性松动。

需要郑重说明的是，人口众多曾是长期困扰中国经济的最大障碍。在全球化背景下，这一劣势正在向比较优势方向转化，这是一个值得关注的动向。一方面，人口众多，劳动力资源丰富，可以长期维持低工资成本的优势；另一方面，人口众多，潜在市场需求巨大。在资源全球重新配置过程中，廉价劳动力和巨大市场潜力吸引大量外资进入，尤其是随之带来的技术、管理知识和市场开发能力。这些稀缺要素与中国人力资源优势的结合，是中国30多年来经济持续高速增长的重要动因。自2002年加入WTO，中国的对外开放步入一个新阶段，10多年来的发展更充分显示出中国主动融入经济全球化的比较优势。

经济全球化对中国经济发展来说利大于弊。这一结论不仅为中国30多年来经济持续高速增长所证明，也为外国经济学家采用计量方法加以证明。比如，阿克塞尔德勒赫的研究表明，1975—2000年间中国的经济全球化指数上升了2.14个百分点，这直接导致了同期中国的经济增长率上升了2.33个百分点。近10多年来中国经济发展的表现更加有力地支持了这一点。尤其值得一提的是，中国是一个发展中国家，在经济发展水平和市场制度等方面与发达国家仍有很大落差，把潜在的后发优势转变为现实优势还有很大空间。只要不断调适自身体制，以主动的姿态参与全球化进程，中国在这一进程中有可能成为经济全球化的较大获益国之一。

做为最大发展中国家的中国

中国是一个大国，其独特的国情决定了当我们置身于经济全球化浪潮中时，一定要从自身的实际出发来考虑问题。中国是一个大国，但不是一个“强国”。虽然近年来中国发展取得好成绩，但是，要实现中华民族伟大复兴的中国梦，还需要不断地艰苦努力。

每当将中国称为大国时，很多时候是指中国是一个在人口、国土面积、经济总量等方面拥有巨大规模的国家。事实上，在很长一段时间里，中国确实在人口和国土面积上是一个“大国”，并且在经济总量上是一个“大国”。根据美国史学家麦迪森《世界经济千年史》统计，中国国内生产总值（GDP）占世界经济总量的份额，在公元1000年时为22.7%，1500年时为25.0%，1600年时为29.2%，1700年时为22.3%，1820年时为22.9%。在此期间，中国人的生活水平在世界范围内也相对较高。

中国科学院2005年综合了麦迪森数据和世界银行的数据，推算了过去300年世界主要国家的人均GDP（以1990年为基准，按照实际购买力计算）。报告称，1700年中国的人均GDP为600美元，超出了同期美国人的527美元和日本人的570美元的水平。然而，中国占世界GDP的比率在1840年鸦片战争爆发以后就开始一路下滑，从1870年的17.2%到1913年的8.9%，再到1950年的4.5%，到1973年时仅仅占到了4.6%。与同时期的欧美国家相比，中国的工业化进程滞后，人均GDP从1820年开始到1970年左右为止，基本上维持在1700年的600美元左右的低迷水平。

一直到300年前为止，中国一直都处于世界财富的中心。然而从那之后，却是欧美经济崛起的300年，中国经济衰退的300年。这段时间内，中国从世界上的经济强国变成了经济弱国，又从经济弱国变为了第三世界国家。翻开近代历史，1763年，英国发生工业革命；1793年英国使者访华，乾隆皇帝说“不”。中国为失去工业革命机会付出了代价：1800年，中国是世界一流国家；1900年，中国成为世界二流国家；1949年，中国成为第三世界国家。

2013年，中国国际地位的迅速上升令全球瞩目。现在中国国内生产总值（GDP）总量是美国的56%，而2010年这个比重是46%。2013年，中国带动世界经济的增量26%，而美国仅为13%。然而正如外电评论说，21世纪已过了10多个年头了，中国仍是个发展中国家。基于人口数量巨大，经济的整体数字不能说明什么。目前，美国人均GDP仍比中国高许多倍。著名华人经济学家、日本野村资本市场研究所高级研究员关志雄说，中国的国土面积是日本的25倍多，人口是日本的10倍多，而经济总量刚超过日本（2013年中国的经济总量超过日本1倍多）；中国的人均GDP目前还只相当于日本的八分之一；中国与日本分别处在不同的发展阶段上，经济差距依然很大。

基于上述分析，中国的经济结构依然脆弱，要完成向经济强国的转变和升级，需要在经济全球化的市场中寻找出路和答案，依靠充分的海外能源作保障。

处于社会主义初级阶段的中国

中国目前处于社会主义初级阶段，这是我们建设中国特色社会主义的总依据，也是中国现阶段的基本国情。党的十一届三中全会以来，中国共产党在总结新中国成立以来的历史经验和改革开放以来新的实践经验的基础上，对中国所处的历史阶段进行了新的探索，逐步作出了中国还处于并长期处于社会主义初级阶段的科学论断，从而准确把握了中国的基本国情。中国进入社会主义初级阶段，不是泛指任何国家进入社会主义都会经历的起始阶段，而是特指中国在生产力落后、商品经济不发达条件下建设社会主义必然要经历的特定阶段。

社会主义初级阶段是整个建设中国特色社会主义的漫长历史过程中的初始阶段，我们中国共产党和中国人民要从这个中国最大的实际出发，树立长期艰苦奋斗的思想。2007年2月，温家宝总理政府工作报告中阐述了社会主义初级阶段的基本特征：一是生产力的不发达，二是社会主义制度的不够完善和不够成熟。并由此概括出社会主义初级阶段的两大历史任务，一是解放和发展生产力，极大地增加全社会的物质财富；二是逐步实现社会公平和正义，极大地激发全社会的创造活力和促进社会和谐。

如前文所述，中国2010年经济总量超过日本。日本现在是世界经济总量第三位，但是它的人均GDP是42000多美元，而中国是5400多美元，相差差不多8倍的水平。还有欧洲的一些发达国家，他们的人均GDP有的达到4万美元，甚至还有达到5万美元的程度。我们必须清醒地认识到，在这方面和人家的差距还是很大的。

除了人均GDP之外，还有一些重要的指标，还有一些重要的方面。中国仍然是发展中国家的水平，是社会主义初级阶段的水平。比如说在受教育方面，中国每万人的大学生数和美国、欧洲、日本这样的发达国家相比，还有很大的差距。甚至在发展中国家中，中国也不是太高的。这一点也要清醒地认识到。

在军事方面，目前中国仍然还有很多工作要做，才能实现军队建设的现代化和国防建设的现代化。在科技方面，中国和发达国家相比，仍然有着很大的差距，现在西方发达国家还是在这方面起主导作用。在世界上的话语权方面，中国也有差距。在金融方面以及其他方面，中国仍然处在一个发展中国家的水平。从这些方面来进行对比，中国要有清醒的认识，要认识到中国社会主义初级阶段这个基本国情还没有变。

另外，在发展过程中中国还面临着很多需要解决的问题，这些也有社会主义初级阶段的特征。比如说区域发展不平衡，中国的沿海东部地区，包括北京这样的大城市，上海、深圳、广州这样的大城市，现代化程度可以说比较高。但是中部地区和西部地区，相对来讲就没有发展到这样一个程度。发展不平衡的状况还是比较严重的。城乡发展不平衡，应该说也比较严重。

总之，经过改革开放30多年的发展，中国确实是发生了非常大的变化，经济总量已经是世界第二了，中国人均GDP已经达到5400多美元。但是要认识到中国仍处于并将长期处于社会主义初级阶段的基本国情没有变；人们日益增长的物质文化需求同落后的社会生产之间的矛盾，也就是社会的主要矛盾没有变；中国是世界上最大的发展中国家的国际地位没有变。因此，中国依然要紧紧扭住“经济建设”这个中心，聚精会神搞建设，一心一意谋发展。

处于工业化后期阶段的中国

在中国实现工业化是中国人民百年的梦想，特别是建国60多年，改革开放30多年，工业经济的发展有了长足的进步，飞跃的发展。从数字来讲，

GDP排世界第二位，2012年47.5万亿人民币，工业增加值2012年是18.8万亿人民币，就制造业来说已是世界第一。进入21世纪，中国的基本经济国情已经从农业大国转为工业大国。“十一五”时期，中国经济经受住国际金融危机等复杂环境和重大风险的挑战，通过坚持科学发展观、转变发展观念、创新发展模式、提高发展质量、实施正确而有力的宏观调控，国民经济得以保持持续较快增长、产业结构得到优化、节能减排全面推进、城镇化水平持续提高、东西部差距不断缩小，中国工业化进程继续推进，基本上走完了工业化中期阶段，而进入工业化后期阶段。

随着中国工业化、城镇化快速推进，未来矿产资源市场需求强劲，重要矿产消费增长快于生产增长。中国矿产资源总量大，但人均少、禀赋差，大宗、支柱性矿产不足，经济社会发展的阶段性特征和资源国情，决定了矿产资源大量快速消耗态势短期内难以逆转，资源供需矛盾日益突出。据最保守预测，到2020年，中国煤炭年消费量将超过35亿吨，2020年前累计需求超过430亿吨；石油5亿吨，累计需求超过60亿吨；铁矿石13亿吨，累计需求超过160亿吨；精炼铜730～760万吨，累计需求将近1亿吨；铝1300～1400万吨，累计需求超过1.6亿吨。如果不加强勘查和转变经济发展方式，届时在中国45种主要矿产中，有19种矿产将出现不同程度的短缺，其中11种为国民经济支柱性矿产，石油的对外依存度将上升到70%，铁矿石的对外依存度在60%左右，铜和钾的对外依存度仍将保持在80%左右。

迈入全面建成小康社会决定性阶段的中国

中国改革开放的巨大成就是有目共睹的。农村地区不断繁荣，农民生活水平不断提高。城市生活越来越丰富、开放、宽松，与国外的贸易和科技往来越来越飞速发展。外国观察家把邓小平的成功领导与法国的柯尔柏（Colber）、普鲁士的菲特烈大帝（Frederick the Great）和日本明治初年的领导人相提并论。

30多年前，改革开放的总设计师邓小平同志充分考虑中国人口多、底子薄的基本国情，认为中国的现代化不能以西方发达国家为标准，中国式现代化的目标只能是“小康之家”，由此提出了建设小康社会的战略构想。进入21世纪，党的十六大宣告中国已总体实现小康，进而明确了全面建设小康社会的目标。经过10年努力，全面建设小康社会取得重大成就，中国经济总量在2010年已跃居世界第二位，人均GDP在2011年达到5432美元，基本公共服务水平和均等化程度明显提高。根据2011年底国家统计局科研所发布的统计监测报告，全面建设小康社会实现程度已经从2000年的59.6%提高到2010年的80.3%。在这样的基础上，党的十八大进一步部署到2020年实现全面建成小康社会的目标和要求，无疑是中国特色社会主义事业的一次质的飞跃，标志着中华民族的伟大复兴进入了新的关键阶段。

能源乃国计民生之源。经济要发展，能源需先行，小康社会的全面建成离不开能源事业的发展，富强民主文明和谐的社会主义现代化国家的建设，更需要能源作为支撑。在2020年实现全面建成小康社会的目标下，如何提供能源保障始终是一个重大战略课题。正如李克强同志所说的那样，“中国的发展，需要市场、资源等方面国际合作，更需要和平的外部环境。”中国作为世界上最大的石油进口国，在经济全球化中实施互利共赢的石油能源战略，维护中国石油安全特别重要。

经济全球化一直是复杂而多元的，从宏观整体上来看，经济全球化的形象是正面的。但是随着中国融入全球化程度的加深，中国经济安全的外部环境日趋复杂。这是因为，经济安全与对外开放程度成正比，与市场经济发展程度成正比，与贸易、投资的对外依存度成正比。包括石油天然气等关键性资源的供给，过去是，现在是，将来也必然是国家冲突的起因。矿产资源相对不足和保证程度的不断下降，是中国的基本国情。除煤之外，大多数关系国民经济命脉的大宗矿产，均不能保证国民经济可持续发展需要。世界矿产资源供需形势总体上供大于求，但矿产资源市场的竞争也日趋激烈。因而，保障中国经济发展所需的战略物资与能源供应，已成为中国经济安全中的关键性课题。

第2章

生产原动力：可持续发展与石油能源

1994年，美国学者莱斯特·布朗（Lester Brown）写了《谁来养活中国？》（*Who Will Feed China*）一书，布朗算了一下，中国人均耕地面积只有1.3亩，人口还在增加，他因此很担心中国的粮食不够吃。现在，20年过去了，中国人民用实践给出了有力的回答：中国人不但自己可以养活自己，而且中国人的生活水平还在日益提高。中国是一个人口大国，但却是一个人口密度大、人均能源资源比较低、环境污染严重的发展中国家。那么中国如何解决自身的能源保障问题呢？又有人提出：中国的能源问题谁来解决？意思是说，中国的能源问题根本解决不了。毫无疑问，能源是中国可持续发展需要解决的首要瓶颈问题。保障好中国经济的持续稳定健康发展，就要协调处理好可持续发展与包括石油在内的能源问题。

要想成为“强国”，实现中华民族的伟大复兴，前提就要确保经济的可持续发展，以此增强综合国力的基础。这就必须要求生产活动的原动力——能源的持续稳定供应。关于能源与发展的关系，邓小平同志早就讲过：能源是经济发展的首要问题，能源不够，不仅是“六五”期间的问题，也是今后相当长时间的问题。这些论断被历史所证明：能源是长期制约中国经济、社会发展的一个瓶颈。这是一个战略家的判断。从现实来看，能源作为发展的助推剂，近年来在中国经济发展中起到了关键作用。随着中国低碳经济的发展，中国将会谋求以能源的可持续发展和供应支撑经济的可持续发展。

可持续发展战略的内涵及其特征

可持续发展战略作为一个全新的理论体系，正在逐步形成和完善，其内涵与特征也引起了全球范围的广泛关注和探讨。各个学科从各自的角度对可持续发展进行了不同的阐述，至今尚未形成比较一致的定义和公认的理论模式。尽管如此，其基本含义和思想内涵却是相一致的。可持续发展的理念得到了全世界范围内的广泛认同，但是各国对其认识却千差万别、不尽相同，因此对可持续发展的理解也不完全一致。

挪威首相布伦特兰在《我们共同的未来》中给出关于可持续发展的定义："既满足当代人的需求，又不对后代人满足其自身需求的能力构成危害的发展。"1989年，联合国环境规划署（UNEP）第15届理事会讨论了她给出的这一概念，并在《关于可持续发展的声明》中予以接受和认同。即：可持续发展是指既要满足当代人的需要，而又不削弱子孙后代满足其需要之能力的发展，而且绝不包含侵犯国家主权的含义。UNEP理事会认为，可持续发展涉及国内合作和跨越国界的合作。

可持续发展既意味着国家内和国际间的公平，也意味着要有一种支持性的国际经济环境，从而使得各国（尤其是发展中国家）的经济社会持续发展，以便有利于人类对环境的良好管理。同时，可持续发展还意味着要维护、合理使用并且加强自然资源基础，使得这种基础为生态环境的良性循环及经济增长提供支撑。此外，可持续发展表明在经济社会发展规划中要纳入对环境因素的考虑，而不是代表在援助或发展资助方面的一种新形式的附加条件。上述论述涵盖了可持续发展的两个鲜明特征：一是发展的可持续性，人类通过发展消除贫困，满足需求；二是发展的协调性，人类的发展要分考虑资源和环境的承载力，强调社会、经济与资源、环境的协调发展。

然而，由于考虑问题的出发点和视角不同，学界对可持续发展的研究有着几种不同的认识。

自然属性视角的"可持续发展"。"可持续性"的理念起源生态学，主要是用来刻画自然资源及其开发利用程度之间的相互平衡，最早指的是“生态持续性”。1991年，IUCN（国际自然保护同盟）认为“可持续地使用，是指在其可再生能力（速度）的范围内使用一种有机生态系统或其他可再生资源”。具体说来，学界考察可持续发展的自然属性的观点有两种：一种观点认为可持续发展就是为了“保护和加强环境系统的生产更新能力”，是不超越环境系统再生能力的发展；另一种观点从生物圈概念出发，认为可持续发展是寻求一种最佳的生态系统以支持生态的完整性和人类愿望的实现，使人类的生存环境得以持续。

社会属性视角的“可持续发展”。可持续发展是“在生存不超出维持生态系统涵容能力的情况下，提高人类的生活质量”，强调人类的生产方式与生活方式要与地球承载能力保持平衡，保护地球的生命力和生物多样性。可持续发展的最终目标是改善人类生活质量，创造美好的生活环境，从而促进人类社会的进步。各国有权按照自己的国情制定各自的发展目标。但是，真正的发展必须包括改善人类生活质量，提高人类健康水平，合理开发、利用自然资源，必须创造一个保障人们平等、自由、人权的发展环境。这些诠释主要集中在1991年IUCN等机构发表的《保护地球——可持续生存战略》的报告中，并得到了相当程度的认可和接受。

经济属性视角的“可持续发展”。这类定义认为，可持续发展的核心是经济发展，其必要前提是不降低环境质量和不破坏世界自然资源基础；即可持续发展排除了传统意义上的以牺牲资源和环境为代价的经济发展。巴比尔在《经济、自然资源、不足和发展》中重点强调了可持续发展的前提，他说：“在保护自然资源的质量和其所提供服务的前提下，使经济发展的净利益增加到最大限度。”1992年，普朗克和哈克重视可持续发展的公平性和协调性，他们认为：可持续发展是“不是为少数人的特权而是为全世界所有人所提供公平机会的经济增长，不进一步消耗自然资源的绝对量和涵容能力”。经济学家科斯坦萨等人从“可持续”发展的约束角度指出，可持续发展是人类经济与自然生态都各自相对独立的动态系统。从一定意义上说，生态系统与经济系统相比更加动态，虽然其在正常条件下变动却很缓慢。可持续发展就是这样两种动态系统间的一种关系。两个系统间的交换和互动使得人类整体能够无限期地持续生存下去，使得人类个体能够处于全盛状态，使得人类文化能够发展。同时，这样的互动就必然要求人类活动必须保持在某些限度之内，以免破坏生态学上的生存支持系统的多样性、复杂性和基本功能。

科技属性视角的“可持续发展”。从技术选择的角度来看，学者们把可持续发展看成建立极少产生废料和污染物的工艺或技术系统的过程。学者们认为可持续发展“就是转向更清洁、更有效的技术，尽可能接近‘零排放’或‘密闭式’的工艺方法，尽可能减少能源和其他自然资源的消耗”。他们认为污染是技术水平差、效率低的表现，而不是工业活动不可避免的结果。他们主张开展技术合作，缩短技术差距，发达国家应当帮助发展中国家提高技术水平，提高其经济生产能力，促进人类社会的可持续发展。全球面临的资源、环境、生态、人口等重大问题的解决，都离不开科学技术的进步。从这样的视角出发，就要重视科学技术在可持续发展中的重要作用。需要指出的是，科技发展是需要一个过程的，国际科技合作也是存在着国际制度壁垒的。

这些关于可持续发展的定义为我们提供了丰富的研究资料，都在某方面具有自身的合理性和可取之处，同时也表明可持续发展的内涵十分丰富。概括地说，从社会视角来看，可持续发展主张公平分配，既满足当代人又满足后代人的基本需求；从经济视角而言，可持续发展主张建立在保护地球自然系统基础上的持续经济发展；从自然视角来看，可持续发展主张人与自然和谐相处。这当中所体现的可持续发展的基本原则有以下几点。

公平性原则。各国都有平等的发展权，平等的资源使用权，都要在可持续发展的进程中消除自身的贫困。各国依照自身的国家主权，按本国国情开发和使用其自然资源，并负有确保对开发和使用资源活动的有效管理和控制，不损害其他国家或地区环境的责任。同时，由于整个世界上自然资源的有限性，可持续发展既要考虑当前的发展和需要，也要考虑未来的发展和需求，要给子孙后代以平等利用自然资源的权利。这就涵盖了国际、区际和代际之间公平地分享资源和取得公平发展的权利。

持续性原则。实现资源的永续利用和环境的生态保护是可持续发展的重要保证。经济社会发展必须充分考虑人与自然和谐相处，必须充分考虑自然资源的临界性，必须努力适应资源与环境的承载能力。换言之，经济社会发展要排除当代科技的盲目发展，排除过度追求经济增长而牺牲自然环境和滥用资源的发展，同时需要人们按照可持续性原则来调整生活方式，确定能源资源消耗标准，从而排除盲目的、过度的生产方式和消费模式。

共同性原则。实现可持续发展，关系全人类的未来，是世界各国人民共同关注的重大课题。我们只有一个地球，国家间存在相互依存性，国际社会只有共同相互配合，才能实现可持续发展的总目标。国际社会要致力于达成既尊重各方利益，又保护全球环境与发展体系的国际协定。正如《我们共同的未来》中写道，“今天我们最紧迫的任务也许是要说服各国，认识回到多边主义的必要性。进一步发展共同的认识和共同的责任感，是这个分裂的世界十分需要的。”这就是说，实现可持续发展就是人类要共同促进人与人之间、人与自然之间的协调，这是人类社会共同的道义和责任。

中国的可持续发展战略的基本思想

1992年，国务院批准的中国环境与发展十大对策，第一条就明确提出实现可持续发展战略。我们有三大基本国策，保护环境、节约资源和计划生育，根本的目的就是为了实现可持续发展。

确切地说，中国关于可持续发展的基本思想是在借鉴了国内外关于可持续发展的研究成果，结合中国的基本国情与现代化建设实际的基础上提出来的。中国的可持续发展战略秉承了辩证唯物主义关于人与自然关系的思想，强调实现经济发展与人口、资源环境相协调，保证一代接一代地永续发展，其中科学内涵包括以下四点。

首先，发展经济、消除贫困，是实现可持续发展的基本前提。中国人均GDP在世界排名第100位左右，不到世界平均水平的一半。按照每人每天1美元的联合国标准，中国仍有1.5亿贫困人口。中国发展中不平衡、不协调、不可持续问题仍然突出。中国仍然处于发展中国家的属性没有变，中国仍处于并将长期处于社会主义初级阶段的基本国情没有变。发展是硬道理，作为发展中国家，中国要努力消除贫困，因为“不解决生存问题，就谈不上发展，更谈不上可持续发展”。发展是我们办好一切事情的物质基础，也是我们实现人口、资源、环境与经济协调发展的根本保证。

其次，合理控制人口规模，是实现可持续发展的首要问题。中国人口与资源、环境关系紧张的状况将长期存在，经济发展尚未走出“人口增长—资源紧缺—环境恶化”的恶性循环困境。人口、资源、环境三者的关系，人口是关键。人口问题是制约可持续发展的首要问题，是影响经济和社会发展的关键因素。若不能合理控制人口规模，不能缓解人口与资源、环境的紧张关系，经济社会的可持续发展就难以实现。

再次，合理利用资源、保护环境，是实现可持续发展的必然要求。可持续发展思想最早就源于环境保护。人类在开发利用自然资源的过程中，忽视了对环境和生态的保护，造成了很多严重的问题和不可弥补的损失。而生态环境的恶化和资源的过度开发，也严重威胁着人类的生存和发展，从而使人类逐渐认识到以浪费资源和牺牲环境为代价，发展就不可能持续进行。

第四，可持续发展的最终目标是实现社会的全面进步，就是要改善人民的生活质量，创造更加美好的生活环境。可持续发展既关注人与自然的关系，又关注人与人的关系，既要实现当代人的生存发展，还要保证子孙后代的生存发展。可持续发展丰富了发展的内涵，使人们认识到发展不仅仅是经济增长，更重要的是实现经济社会与人的全面发展。因此，可持续发展，也是发展观念从以物为本到以人为本的一次跨越。

综上所述，可持续发展从终极理念上说是人类社会的整体性的永续发展，具体地说，包括经济增长、社会公平、资源可持续利用和环境保护，这些都又集中于人类对自然资源的开采和利用上。过去100多年来，人类社会主要依赖化石能源，特别是石油能源来推动经济发展。因此，可持续发展战略的实施就必然要关注石油能源问题。

中国可持续发展战略的石油能源障碍

人类利用能源已经有漫长的历史，人类文明的每一步，都和能源的利用息息相关。可以说，人类进化发展的过程，是一部不断向自然界索取能源的历史。从能源驱动来说，石油资源是当今人类社会可持续发展的重要驱动力。

迄今为止，人类社会经历了分别以薪柴、煤炭、石油为主要能源的能源时期。自从古人类学会利用“火”开始，就以薪柴、草梗等生物质燃料来烧饭和取暖，同时以人力、畜力和一小部分简单的风力和水力机械作动力，从事生产活动，人类进入了能源利用的薪柴时期。薪柴时期延续了很长的时间，但是薪柴为人们提供的能量有限，效率比较低，因此人们生产和生活水平极低，社会发展迟缓。然而，社会总是向前发展的，人们对能源的探索和利用没有停止不前。起源于欧洲的18世纪的产业革命，使得煤炭取代薪柴作为主要能源，蒸汽机成为生产的主要动力，工业得到迅速发展，生产力有了很大增长。特别是19世纪末，电力开始进入社会的各个领域，电动机代替了蒸汽机，电灯取代了油灯和蜡烛，电力成为工矿企业的主要动力，出现了电视、电话、电影，不但社会生产力有了大幅度的增长，而且人类的生活水平和文化水平也有了极大的提高，从根本上改变了人类社会的面貌。这时的电力工业主要是依靠煤炭作为主要燃料，这个能源利用的时期便被称为煤炭时期。

19世纪中叶，石油资源的发现，开拓了人类能源利用的新时代，特别是20世纪50年代，世界石油和天然气的消费量超过了煤炭，石油资源成为世界能源供应的主力。从那时起至今，随着石油资源的广泛使用，汽车、飞机、内燃机车和远洋客货轮得到了迅猛发展，不但极大地缩短了地区和国家之间的距离，也大大促进了世界经济的繁荣，这被称之为石油时代，石油的利用开启了人类社会进入经济全球化和世界一体化的门槛。回顾人类社会发展的历史，可以明显地看出能源和人类社会发展间的密切关系。没有能源，人类就不能生存，社会就不能发展。

列宁在《苏维埃政权当前的任务》中指出：“提高生产率，首先要保证大工业的物质基础，即发展燃料、铁、机器制造业、化学工业的生产。”能源的利用是经济发展的首要条件和动力支持。能源是国民经济和社会发展不可或缺的生产要素和物质基础，在国民经济发展中占有重要的基础性地位。只有解决好能源资源对经济社会发展的约束，才能实现可持续发展。同时，从能源视角出发，可持续发展就是解决人类社会发展对能源的可持续供应问题。经济学研究也表明，一个国家或地区的经济发展速度与其能源消费的增长速度呈正比例关系，能源消费的作用促进GDP的增长。能源是国民经济的命脉，与人民生活和人类的生存环境休戚相关，在社会可持续发展中起着举足轻重的作用。石油消费约占全球能源消费的40%，石油作为“工业血液”，是世界上最重要的一次性能源，在经济发展以至社会顺畅运作中发挥着极为关键的作用。在很大程度上，能源问题就集中在石油身上。在石油时代，石油能源是可持续发展的基础性能源。

那么，世界石油资源储量产量究竟是怎么样的呢？又是如何分布的呢？怎么引发在不均衡分布下的可持续供应问题呢？

从总体上看，世界石油资源尚比较丰富，现已探明可采储量2600亿吨，可保持在较高水平上持续开采40多年。随着科学技术的发展，全球各地还在继续增加新的探明储量，保证满足全球石油需求50年不成问题。但石油资源的生产和消费在全球分布极不平衡，首先是石油产地的分布是极端不平衡的：从纬度分布看，主要集中在北纬20～40度和50～70度两个地带内。驰名世界的波斯湾及墨西哥湾两大油区和北非油田均处于北纬20～40度内，这两个地带集中了51.3%的世界石油储量；北纬50～70度内有著名的北海油田、俄罗斯伏尔加及西伯利亚油田和阿拉斯加湾油区。从储量来看，全球石油资源最丰富的地区首推被誉为“世界油库”的中东波斯湾沿岸地区。中东地处欧、亚、非三洲的枢纽位置，原油储量占世界总储量的2/3。世界原油储量排名前十位的国家中，中东地区就占据了前五席。沙特阿拉伯已探明的储量约站世界总储量的1/4，居全球首位，其次是伊朗、伊拉克、科威特和阿拉伯联合酋长国。中东地区石油单井产量高、成本低，占世界石油出口的2/3。

欧洲及欧亚大陆也是重要的石油产地，俄罗斯已探明的石油储量就占全世界的12%～13%。中南美洲近年来也成为世界石油生产和出口的重要地区，委内瑞拉则是世界第五大石油出口国。在北美加拿大探明的石油储量居世界第二，非洲探明的石油储量约占世界总储量的7%～9%，主要分布于西非几内亚湾地区和北非地区，比如阿尔及利亚、安哥拉等。

但石油的消费大国主要集中在北美、亚洲和欧盟。这三个地区的石油消费量合计占世界石油消费总量的80%以上。美国是当今世界上最大的石油消费国，石油消费占世界石油消费总量的1/4，中国是世界第二大石油消费国，日本石油消费量占世界第三位。世界上不平衡的石油生产和消费格局，将导致一些国家面临石油安全问题，势必成为制约人类可持续发展的能源“瓶颈”。在这种情况下，各国为获取世界石油资源，制定了自身的国际石油战略和石油外交战略，上演了国际石油冲突和石油大博弈，石油已成为政治、军事和外交关系的重要筹码。

石油的储量是确定有限的，而社会经济发展对石油需求却是不断增长的。到2030年世界对原油的需求将会比现在增长50%，而2007年的原油日均需求量已经达到8600万桶。舆论纷纷猜测，世界对原油开采的顶峰时间已到达，这无疑更加凸显了石油开发以及背后围绕着能源争夺的许多问题。

半个多世纪以来，围绕石油资源的争夺从来没有停止过。许多地区的冲突和战争都与石油有密切关系，石油领域的竞争已经大大超出了一般商业范畴。美国为控制石油资源，始终保持中东地区的军事存在。中亚石油政策的核心内容是支持西方石油公司参与中亚地区石油开发，力图建立不经过俄罗斯或伊朗领土，直接将该地区石油资源与欧美市场联系起来的石油运输通道。日本也积极与中东和世界产油国建立相互依存关系，提出了针对中亚地区石油的欧亚大陆外交计划。

毫无疑问，石油在大规模可替代、成本又较低的新能源出现之前，将一直是世界各国持续发展的动力。21世纪以来，国际战略格局处于激烈的演变过程中，而其中石油安全、开采、进出口贸易都成为影响国际战略格局的重要因素。围绕着石油争夺引发的世界经济震荡、武装冲突和地区战争此起彼伏，凸显了影响世界石油可持续供应问题。

中国目前正处于工业化后期，能耗巨大，改革开放以来的外延扩张型经济高增长，对能源的高依赖度推波助澜。能源等资源的发展是事关中国经济社会发展的一个重要问题。以能源的可持续发展支持经济社会的可持续发展，是长期而艰巨的任务。在经济全球化的今天，包括石油能源在内的中国能源利用正处在新的历史起点上，因此要在节能减排、建设生态文明的同时，努力拓展能源外交和能源渠道，提升中国在国际分工价值链中的地位，使经济发展能够有充分的能源保障。

第3章

严峻的危机：中国石油资源供需态势

中国持续30多年的高速GDP增长，快速的工业化、城市化，每年上千万的人爬上轮子以车代步，雨后春笋般的房地产项目等，这些都需要强大的能源系统来支撑，就油气资源来说，其拥有量已成为一个国家、一个地区综合实力和发展潜力的重要标志。但问题严重的是，中国油气资源相对贫乏，后备可采储量不足，天然气开发程度比较低，国内储量和产量远不能满足自身油气能源的需求，国内资源需要接替，要有海外资源作为补充，必须要充分利用两种资源和两个市场。因此，中国“走出去”的油气资源发展战略势在必行。

自20世纪50年代以来，世界上发生过10多次石油供应中断。其中，1973年和1979年两次中断构成世界性石油危机，直接原因是中东产油国之间的冲突和战争，以及石油运输通道的中断。今后20年，虽然世界石油供需基本平衡，但大的石油消费国之间、消费国和资源国之间、资源国与资源国之间的矛盾错综复杂，引发政治、军事、外交矛盾和冲突的不确定因素增加，直接对世界或区域石油市场构成重要影响。中国以进口中东原油为主，又以马六甲海峡为主要通道，应对短期石油供应中断甚至石油危机的可能性有足够的估计，不可掉以轻心。

在石油业的博弈中，政府、公司与市场这三个关键的玩家，透过安全、生产、金融与知识等四个结构相互影响，其中石油安全是国际行为主体关注的核心问题。关于“石油安全”的概念，各国定义不同，对主要产油出口国及对石油进口消费国来说，定义也不同，石油出口国的石油安全是需求保障问题；石油进口国的石油安全是供应保障问题。美国将石油安全界定为：以合理的价格自由地获取国外石油资源。也有国家像英国，从反面状态来界定石油安全：石油供应中断或突然发生重大价格变化而受到威胁时，不安全就出现了。

学者单卫国着重从石油资源的“量”、“价”、“质”的综合意义上诠释石油安全的涵义。他提及了国内流行的两种说法，有人认为进口石油“量”达到国家石油消费量的30%时就会产生石油安全问题。或者说如果进口量超过1亿吨以后，就可能要通过外交、经济甚至军事手段来维护石油供应安全。然而，他认为只要石油供应渠道是稳定畅通的，就只是代价或花费是否太高的问题。但石油消费的增长、全球气候的变暖和大气质量的急剧下降，才是新一轮国家能源发展战略中更高的目标，应重视石油使用环境安全的问题，即是一个石油安全“质”的问题。

学者查道炯也曾提到过，依靠海外能源供给本身并非是对中国能源的威胁，真正的威胁来源于能源消费的持续增长和能源利用率的保持不变。可见石油安全的概念、涵义也在不断地变化和更新。就像学者吴磊提到的，能源安全的内涵和外延极其丰富，既与既定时空范围内特定国家油气供应基础、供应多元化和能源消费结构有关，又与能源投资和基础设施建设有关；既是经济问题，又是环境、政治、外交和安全问题；既有国内政策含义，又有国外政策含义。因此，国家能源安全体系构建也是一项复杂而又广泛的系统工程。

国内油气资源稀缺

中国到底有多少油气资源，常规和非常规的油气资源能用多久，已经成为国内外十分关注的问题。回答这个问题最重要的是进行油气资源评价。为进一步摸清中国油气资源家底，2003年底，国土资源部、国家发改委、财政部共同组织并启动了新一轮全国油气资源评价项目工作。项目组历时4年最终获得了更科学、更符合实际情况的新一轮全国性油气资源评价结果。

评价结果显示：中国石油勘探进入中期；天然气勘探处于早期。评价结果表明，中国石油储量产量进入平稳增长阶段，天然气储量产量进入快速增长阶段。到2030年，石油年产量可以保持在2亿吨水平，天然气年产量可以达到2500亿立方米，油气当量“二分天下”的格局初步形成。同时，油页岩和煤层气资源潜力可观，未来可以对常规油气资源逐渐形成重要的补充。

新一轮全国油气资源评价结果

项目	石油：亿吨	天然气：$\times10^{12}m^3$	煤层气：亿吨	油砂油：亿吨
远景资源量	1086	56	—	—
地质资源量	765		37	60
可采资源量	212	22	11	23

中国是世界上人均石油资源比较贫乏的国家。中国人均石油消费量，2005年为0.242吨，约为世界平均水平的1/2、美国的1/13、日本的1/8。而根据国土资源部2007年4月公布的数据显示，2006年中国资源勘查新增探明储量为9.49亿吨，新增探明技术可采储量为1.95亿吨，新增经济可采储量为1.72亿吨；剩余经济可采储量20.43亿吨。2007年的油气储采比分别只有14.18和40.16，大大低于46.13和60.17的世界平均水平。从近几年油气储量增长的构成来看，约有65%的增量来自于已经开发油田的老区，增长潜力有限，储量接替难度较大。

中国国内油气资源分布不平衡，地理地质结构复杂。评价结果显示，中国油气资源的分布呈现出显著的不均衡分布状态。如将全国划分为东部、中部、西部、南部和海域，东部、西部和海域地区是国内油气资源主要分布区。其中，渤海湾盆地、松辽盆地、塔里木盆地、准噶尔盆地、珠江口盆地、鄂尔多斯盆地和渤海海域为中国可采石油资源最多的盆地，超过资源总量的70%以上。这些盆地地区地形多为黄土源、沙漠、山地、沼泽、滩海及海域，地形地质结构复杂，需要在勘探开发技术上有较大的突破，油气勘探开发成本及销售成本较高。

中国国内油气资源品质较差，油田开发压力增大。基于储层渗透率和石油密度的不同，石油资源可分为三种类型：低渗透油气资源、中高渗透油气资源和重油资源，分别占63%、26%和11%。从中我们可以看出，随着勘探程度增加，中国的石油储量以中、低渗透率为主，并有较高的稠油资源，资源品质较差。

未来国内石油储量增长领域存在潜力，但技术瓶颈制约明显。从资源潜力分析和近期勘探发现的启示来看，中国今后的石油勘探很可能主要在以下六大领域：大型隆起带、前陆盆地、渤海湾盆地浅层、地层岩性油藏、海相碳酸盐岩、海域（包括滩海）。这六大领域是今后中国进一步加强勘探的主要目标区，也是中国未来发现大中型油田，增加石油储量的主阵地。需要指出的是，这些地区的石油勘探需要依靠高科技的投入和参与，需要在技术层面上有较大突破。然而，中国当前主要的勘探开发的软件和硬件均需要进口，装备新度技术系数比较低；科研主要以跟踪模仿为主，创新成果不足，这些都严重制约了中国石油勘探开发的发展和国际化经营。

中国南海海域的石油资源丰富，但遭遇国际纠纷严重制约。中国南海海域石油资源相当丰富，其中70%在中国的断续国界（“九段线”）以内。然而，自被探明有丰富油气资源以来，被称为“第二个波斯湾”的南海更是成为世界热点争议地区。

总的来说，中国石油资源的总量比较丰富，但石油资源人均占有量严重不足；国内石油资源勘探进入在中等阶段，石油储量仍处于稳定增长时期，但是石油资源勘探难度越来越大，同时中国南海石油资源久被蚕食，目前由于技术和政治的原因尚未得到充分开发。中国石油资源的自然禀赋状态就形成了对中国经济社会的可持续发展的石油资源制约。

国内原油生产能力不足

中国历年原油生产发展情况。中国近代石油工业萌芽于19世纪中叶，经过了多年的艰苦历程，直到新中国建立前夕，它的基础仍然极其薄弱。到1949年底全中国年产石油仅12万吨，当时石油资源的供应，大部分都是依赖苏联的进口。直到1963年，经过了4年的建设，大庆油田投产，全国原油产量达到648万吨，已经可以基本自给，中国人民结束了依赖“洋油”的历史。20世纪60年中后期至70年代末，随着大庆等一批大型油田投产，原油产量呈快速增长。1978年原油产量突破1亿吨，成为世界主要产油国之一。20世纪80年代初至80年代末，初期由于后备储量严重不足，原油年产量呈下降趋势；后采取1亿吨包干政策，原油产量逐年稳定增长。

中国石油生产现状与产量构成。目前，中国油气产区在全国布局上已形成了东部、中部、西部、海域四大油气区，石油产量主要集中在7个由几个邻近油田构成的油田群。其中大多数油田群的枯竭度已超过50%。其余的国内产量则零散地分布在许多中小型油田。中国共有576个在产油田，其中最大的11个油田的产量，在全国总产量中的比重接近一半。在这11个最大型的油田当中，只有塔河油田的产量尚未达到高峰。在已知的油田中，约有一半的探明储量已被开采。2007年中国的原油产量为1.867亿吨，占全球产量的4.8%，目前仍是世界第五大原油生产国。目前，中国已经建立了完整的石油工业体系。从1979年到2009年，中国的石油年产量从1.058亿吨增长至1.89亿吨，年均增长率为2%。“十一五”期间，中国原油产量进入稳定增长期，达到年产1.85亿至1.95亿吨，并可一直稳定到2020年左右。

中国未来原油产量的预测：

（1）中国原油产量预测（2011—2020）：原油产量保持在1.8亿吨左右。未来20年内，在加大新区勘探、挖掘老油田潜力，实现资源投入和产出基本平衡的条件下，预计2020年原油产量保持在1.8亿吨左右，是比较有把握的。如果新区新领域有较大发现，原油年产量达到2亿吨也是有可能的。但是从可持续发展的角度考虑，将国内原油高峰年产量控制在1.8亿吨左右，并尽可能在这个水平上延续更长一段时间，对中国石油安全和国民经济发展比较有利。

（2）2020年以后，中国原油产量还可能在高峰平台上再稳产一段时间。从总体看，中国西部地区和海域发育有一系列大型沉积盆地，而且勘探程度比较低，随着技术水平的提高和地质认识的深化，预计今后还有可能再发现一批可采储量规模大于5000万吨的大型油气田群。预计2020—2030年间，通过进一步加大勘探力度，增加可采储量，中国原油年产量仍可保持在1.7～1.8亿吨的水平。若南方海相、深海、青藏高原等地区勘探有较大发现，南海和东海海域石油联合开发取得实质进展，油页岩、油砂等非常规资源开发利用上有重要突破，1.7～1.8亿吨产量延续时间还会更长，把握性更大。

中国石油资源的供需问题现状

在过去10年间（1999—2007），中国石油的产量年均增速不超过2%，但同期国内石油消费量不断攀升，平均年增长率6%以上，导致产量与消费量缺口扩大，不得不依赖进口，中国自1993年起成为石油净进口国后，2008年石油对外依存度更攀升到51.3%，并且中国自1996年起也从原油净输出国变为原油净输入国。

中国的能源消费已位居世界第一。2006年一次能源消费总量为24.6亿吨标准煤，煤炭在一次能源消费中的比重由1980年的72.2%下降到2006年的69.4%。由于中国是世界上为数不多的几个以煤为主的国家，造成中国能源利用效率低下，经济效益差，且对生态环境造成了严重的影响。为此，中国共产党十七大报告提出了进行能源结构优化调整，提高能源资源利用效率的要求。而优化能源结构的重点是，解决石油供不应求的结构性矛盾，提高天然气、水电和核能等清洁能源的比重。石油消费比重总体表现为先升后降的趋势（见表2-3），2002年最高达23.4%，随后由于油价攀升，石油消费比重逐步下降到2006年的20.4%。

据国际能源署的资料，中国在1980年至2000年期间，国内生产总值GDP增加了5倍，而一次能源需求只增加1倍，以单位GDP所需的一次能源衡量，这一期间内能耗强度（单位GDP能源消耗）平均降低近6%。但在2000—2005年期间，一次能源需求意外飙升了55%，而GDP增长了57%。主要归结于燃煤发电和所伴生的能源耗损。从2005年起能耗强度再一次开始下降，原因之一为政府采取了措施。中国在2006年初通过的"十一五"经济发展规划纲要中首次提出了2006—2010年期间单位GDP能耗比2005年降低20%、主要污染物排放总量减少10%的约束性指标。2007年党十七大报告更把这一问题具体化，更加注重节能减排与可持续性发展。据国际能源署2007年的预测，中国一次能源的需求量从2005年到2030年将增加一倍多，年均增加率为3.2%。

由于交通运输业的强劲增长，石油在终端能源消费总量中的比重从1980年的5%上升到2005年的11%。再对照创造中国60%国内生产总值GDP的中国沿海地区11省市在未来到2030年的石油消费量估计将以年均3.4%的速度增长，在石油需求增长量中的80%以上都是来自交通运输业，可见交通运输业的成长对中国石油需求增加的影响有多大。在国际能源署2007年的展望中，预估中国石油消费量将从2005年的670万桶/日增加至2030年的1650万桶/日，年均增长率为3.7%，是同期世界石油消费需求年均增长率1.3%的近3倍。目前，中国已成为世界最大的石油进口国。

中国石油可持续供需问题的外部挑战

中国石油对外依存度飙高的外部风险。由于1980年后中国国内生产总值（GDP）持续增长，2007年甚至达到近13年来的新高，增长11.4%。原油净进口量从1996年229万吨大幅提升到2000年的5983万吨后，除2001年外，2004年突破1亿吨，再直线上升到2007年的1.59亿吨。除国内原油产量仅小幅增加外，原油进口量大幅上升的原因之一，是国内新增炼油能力投产扩大，2007年炼油厂原油加工量增加6.4%，达到32679万吨。在重化工业发展和城市化进程加快的背景下，未来仍将使中国石油需求继续保持旺盛的增长趋势。而根据国际能源署的估计，中国常规石油产量在略增长到2012年的390万桶/日（1.95亿吨）后，将逐渐下降到2030年的270万桶/日，届时石油净进口量将由2006年的350万桶/日猛增到1310万桶/日，石油进口依存度也将从目前的50%增到80%。

国际油价高位震动引发的高油价的外部风险。随着中国对WTO有关条款的逐步兑现和中国进口石油数量的持续增加，世界石油价格的涨跌波动对中国经济的影响越来越大。最近，国际石油价格的不断飙升就已经造成了国家外汇支出增加、炼油加工及运输成本增加等现象，已严重影响和波及工业、农业、交通动力以及人民生活等各个方面，使国民经济整体运行成本增加，产生了“成本推动”型的物价上涨，严重地影响了中国经济的持续稳定健康发展，甚至危及国家经济安全和政治外交上的主动权。有关专家对中国GDP、石油进口数量和价格波动进行了综合分析，结果认为，油价每上涨1%，并持续一年时间，将使中国国内生产总值增长率平均下降

0.01个百分点。

同时，石油价格上涨也给国民经济的发展带来了间接的影响，主要表现在出口面临着下降的危险，一是使以石油为主要燃料、原料的产品，因为生产成本的上升而导致产品竞争力在世界市场上的下降，从而使出口面临着下降的潜在可能。二是出口对象国因油价上涨使其国际收支出现困难，从而影响了其进口能力，进而使我们的出口面临着潜在的下降危险。

中国石油资源进口来源地区集中的外部风险。从1992至2008年中国原油进口的地区及前五大进口国来看，在1992至1998年，亚太地区是中国数一数二的进口来源区，尤其印度尼西亚是中国相当重要的进口国，但1998年之后，亚太地区占中国进口比重一直下降，到2008年仅占2.8%左右；中东地区一直就是中国最重要的进口来源地区，近10年（1998—2007）来平均占中国原油进口的50%，尤其沙特阿拉伯、伊朗、阿曼等国在10年来，都是中国前五大石油进口国排行榜的常客。但就像中国学者所担忧的，在伊拉克战争以后，美国基本上控制了中东石油及其输出的战略通道。而中国不仅50%的进口石油来自中东地区，而且主要是租借别国油船通过海上长途运输到国内的，其间必须经过多个美国控制或影响下的石油运输“咽喉”，一旦中美关系恶化，美国极有可能利用所建立的石油霸权体系和对石油运输通道的影响来限制石油运往中国。

另外，近十几年来非洲地区逐渐成长为仅次于中东的进口来源地，2007年占中国进口油源32.5%，也是近年来中国石油外交着力甚深、石油进口迅速成长的地区，其中安哥拉更是中国最重要的非洲进口国。2007年中国前5大石油进口国，包括沙特阿拉伯（16.1%）、安哥拉（15.3%）、伊朗

（12.6%）、俄罗斯（8.9%）、阿曼（8.4%）等即占中国61.3%的石油进口量，这也显示了中国石油进口来源集中的风险。

中国跨境进口石油资源运输安全的外部风险。一是进口运输线上的国际地缘利益争夺。由于全球已探明的石油储量2/3集中在中东地区，而世界的石油消费大国则主要集中在北美、欧洲和亚洲，因此海上油输成了主要的运输工具。从中东及非洲到中国沿海，一路上常需要经过霍尔木兹海峡、印度洋、马六甲海峡、南海和所谓“第一岛链”和“第二岛链”。这些海域都是当今地缘政治斗争的热点，存在外部势力的影响，是大国控制世界的支撑点或者大国争夺的对象。

目前，中国约70%的原油进口需通过马六甲海峡运送。马六甲海峡位于印度尼西亚、马来西亚和新加坡之间，总长800公里，最狭窄处的航道宽度仅2.4公里，每年有5万艘以上的船只通过，占全球海上贸易总量的1/3以上，马六甲海峡通过能力已接近基本满负荷状态。一旦马六甲海峡不能通过，船队将被迫增加航程绕道而行。航行时间至少增加10天至12天，对某些地区可能产生短期能源供应危机，全球海运价格势必飞涨，尤其对中国和日本的原油运送至关紧要。因此，中国为摆脱海上运输安全的顾虑，近年来也极力规划筹建另辟陆上输油管道，如往南到缅甸、往西到哈萨克斯坦，北方的中俄“泰纳线”等陆上输油管道。

二是对外轮的依赖。近年来，中国90%以上的进口石油由外轮运送。根据2002年香港招商集团的统计，中国当年进口原油由自己承运的数量约有700万吨，不到进口海运量的10%。在中国进口的重要航线——中东航线上，中国船舶所有人的承运比例不足4%，而在西非—中国的航线上，中国船舶所有人的承运量为零。在东南亚航线上，中国船舶所有人的承运量为550万吨，分别由招商集团、中海和中远承运。造成这种局面的原因是国内现有远洋大型油轮严重不足。而远洋大型油轮建造周期长、成本较高，因此不得不将运输任务交给外轮，石油运输不得不受制于人。

中国石油“走出去”的跨国经营战略面临着政治风险。中海油收购尤尼科事件，按道理说，尤尼科在美国石油公司中仅排在第9名，所掌握的资源也不太多。但是，这件事遭到美国一些议员以国家安全为理由的反对，最后使这桩收购案流产。在经济全球化、贸易自由化前提下，绝不能对产业安全问题漫不经心。同时，中海油竞购尤尼科失利的教训再次证明，石油已经不是一种简单的经济商品，而是战略物资。石油资源的背后是国家与国家之间的较量，石油外交的作用将更加重要。

客观地说，中国虽然能源消费总量达到世界第一，但人均能源消费量仅与世界平均水平相当，与发达国家相差甚远，油气等优质能源的消费水平甚至低于很多低收入国家。近几年，美国的页岩气革命促进其能源独立，能源价格出现下降，油价、工商业电价已低于中国，极大地提高了其制造业竞争力。这对于长期靠低成本优势发展制造业的中国来说，无疑是巨大的压力。我们作为一个发展中大国，要在2020年实现全面小康，离不开充足、廉价、清洁、安全的能源供给。但不管怎么说，中国需要进口油气资源来填补国内供应缺口，即从海外进口油气资源是中国国内能源供需状况的客观需要。这就意味着，维护来自海外油气供应的稳定与安全是中国的利益所在。这关系到国家的能源安全、经济安全与国家安全，关系到中国的可持续发展战略的实施。在此形势下，能源特别是石油是如此重要以至于它不能够完全由市场力量来管理，因此，中国通过开展石油外交来寻求石油资源的可持续供应。

在未来相当长一段时间内，化石能源仍在世界能源利用中占主导地位，其他补充能源和新能源还有很长的路要走。据报道，2014年中国石油需求将突破5亿吨，增速有所回升，中国天然气消费继续以两位数速度增长。中国石油对外依存度逼近60%大关。这一新的严峻态势出现，必然要加快能源整体改革，必须充分利用国内国际两种资源和两个市场，积极“走出去”实现中国海外油气战略。

第4章

安全地依赖：相互依赖的石油安全观

依赖是指行为体受外力支配或影响的状态。相互依赖产生于相互交往各方彼此付出的情况下，代价的大小和影响并不是完全对等的。解决国家的石油安全问题，主要靠“安全地依赖”，就是说不要因为依赖而使自己变得脆弱。应该做到既依赖，命运又掌握在自己手里，做到“安全依赖”。我们不仅要跟生产国搞好关系，同时要跟消费国搞好关系。在能源战略上，观念更新最为重要。看待石油安全问题就要站到战略的高度，站到国际安全、全球安全的角度来思考，不可以简单地随波逐流。

贸易的自然结局导致和平。两个国家之间有了贸易关系，那么这两个国家就需要相互依存。

——夏尔·德·赛孔达·孟德斯鸠

商业精神与战争是无法共处的。

——伊曼努尔·康德

美国政治学家罗伯特·基欧汉与约瑟夫·奈1977年合著的那部闻名于世的《权力与相互依赖》一书如此描述："我们生活在一个相互依赖的时代"。

当前的国际形势发生了变化，国际热点问题和非传统安全此起彼伏，影响到世界能源的安全，能源已成为中国和全球关注的一个重大问题。在经济全球化的情势下，国际社会主要行为体之间经济上相互依赖的不断加强就要求中国在处理石油贸易和经济问题时考虑中国石油的供应安全问题。

相互依赖理论

相互依赖理论是西方国际关系学的重要理论之一。尽管相互依存现象存在已久，但是作为一种较为系统的理论，相互依存论最早见诸于理查德库珀的《相互依存经济学——大西洋社会的经济政策》（1968年）。库珀在书中明确指出，相互依存是20世纪60年代出现在工业化国家中间的一个强劲趋势，它的出现和发展是战后国际关系的一个突出变化，其特征表现为国家间增长的对外经济发展的敏感性。他强调说，研究国家间关系，特别是国家间经济关系的关键是了解一国经济发展与国际经济发展之间的敏感反应关系。

相互依存被视为现代国际体系的根本特征；相互依存理论则被推崇为国际关系的重要原则。基欧汉和奈把相互依存定义为“彼此之间的依赖”，并认为相互依存意指“敏感性”和“脆弱性”。基欧汉和奈认为，相互依存是指国际社会中不同角色之间互动的影响和制约关系，这种互动的影响和制约关系可以是对称的或不对称的，其程度取决于角色对外部的“敏感性”和“脆弱性”的大小。如，A方对B方的原料，B方对A方的制成品，可能表现出相互依赖的关系。双方都对对方的有关政策表现出某种敏感性，但由于双方依赖程度可能不同，各自的敏感程度也有异。A方的有关政策若不利B方，就会暴露其脆弱性。又由于双方的应变能力不一，它们表现出的脆弱性也有差异。如果双方敏感性和脆弱性相同或接近，那么它们之间的相互依存关系呈对称情况，否则即呈不对称情况。

因此，罗伯特·基欧汉和约瑟夫·奈强调“敏感性”和“脆弱性”是相互依存的根本特点。他俩还认为，战后国际社会中国家间和超国家关系的发展促使人们更加注重研究对国际层次的各角色的研究，注重对超越国界的国际组织相互联系和相互依存的研究。相互依存理论即是以国家间关系、世界政治经济关系的相互影响和相互制约为研究对象。此外，罗伯特·基欧汉和约瑟夫·奈还将现实主义学派的权力政治理论和行为主义学派较早提出的相互依存论有机地结合起来进行考察，进一步剖析两者之间的内在联系。

经济学家霍夫曼认为，相互依赖意指“社会的相互渗透”，“世界经济中不同国家政策的相互联系”。相互依赖既是“一种条件”，也是“一个过程”，它不是目标，但它凸显了“国内政治在国际关系中的重要性”，它“对国家的利益和目标既提供了限制，又提供了机遇”。经济学家格哈特马利则把相互依赖定义为“一种复杂的跨国现象，它包含国家之间多层次、多方面的互动模式，并产生明显的相互敏感性和脆弱性”。这里，“多层次”指全球、半球、区域、大洲的层次，“多方面”指政治、经济、环境、技术、社会文化等方面。马利还指出，相互依赖是一个妥协的概念，它置于孤立主义（isolationism）和超国家主义（supranationalism）之间。他还把相互依存分为四大类：安全相互依存、生态相互依存、经济相互依存和政治组织相互依存，前两大类关系叫人类的生存，后两大类的重点是国家的福利和政治的互动。

综合以上所述，相互依赖论的基本内容可归纳为十个方面：（1）强调国家之间的相互易摧性和敏感性。虽然美苏是世界上最强的国家，但是在军事上它们却是最脆弱的，在核时代条件下互为“人质”；（2）国家所面临的许多问题趋于全球化，即类似能源、人口、环境、粮食、裁军、发展等问题已成为“全球性问题”，单靠个别国家的努力已无法解决；（3）“高级政治”（指国家利益、国家安全、军事战略等）逐步向“低级政治”（指经济发展、人口与粮食问题、社会福利等）过渡；（4）各国再也不能闭关锁国，越来越多的国家实行对外开放政策，缓和与开放占据国际关系的主导地位；（5）随着缓和形势的发展，国际合作的趋势逐步超过国际冲突的趋势；（6）武力在解决国际争端上的作用日益减弱；（7）谈判逐步取代冷战，均势逐步取代遏制；（8）研究对象从第一世界和第二世界国家转向第一世界和第三世界国家以及跨国组织；（9）主张在国际体系中以平等关系取代等级制；（10）相互依存的趋势将对国家主权和民族利益起到溶解作用，推动全人类利益的形成，最终将成为通向未来没有国界的世界国家的“中途站”。

人类进入新世纪，不仅意味着年代上的更新，而且意味着国际社会开启了经济发展和社会进步的新时期。世界多极化、经济全球化的不断发展，尤其是科学技术的突飞猛进，为全球经济和社会发展提供了前所未有的物质技术条件，打开了广阔的前景。推动新经济的发展，不仅要求我们用先进科学技术更新经济，而且要求我们适应这个发展趋势来更新经济结构、经济体制、经济机制，更新国与国、企业与企业之间的经济关系，更新推进各国开展经济技术合作的指导思想和观念。

关键是要在世界经济事务中全面贯彻多边主义的合作发展精神。不同民族、不同历史文化、不同社会制度和不同经济发展水平的国家和地区，应互相尊重，求同存异，取长补短，和平共处，协商合作，推动建立公正合理的国际政治经济新秩序，努力促进共同发展和繁荣。这是解决目前世界经济发展中存在问题的根本出路，也是推动新经济进一步发展的必要条件。

在贸易自由化方面，正确认识和把握经济全球化和贸易自由化问题，对促进全球经济健康发展具有十分重要的意义。世界贸易组织、亚太经合组织以及各国政府在推动经济全球化和贸易自由化的过程中，应充分考虑经济发展处于“弱者”地位的国家和人民的利益，推动它们朝着合理的方向发展，促进有效而公正地配置世界资源，促进各国生产力的发展，促进全球多边贸易体制和公正合理的国际经济新秩序的建立，从而造福各国人民。

石油安全的复杂贸易网络

就能源问题来言，能源短缺，特别是石油短缺问题，使得石油在不同国家间的流动成为全球石油贸易系统的重要组成。全球范围内长距离、大贸易量的石油运输，将供应商、运输商以及需求方等行为主体有机连接，使得石油贸易呈现跨国、跨区域的链网结构特性。全球石油贸易系统所蕴含的能源供应风险，已成为各能源需求国能源安全以及国家安全的核心议题。因此，有必要进一步认识并全面掌握全球石油贸易网络的结构特征以及演化规律。

全球石油贸易系统作为复杂网络的具体表现，涵盖了全球—国家—地区三种地理层面，其基本的网络拓扑结构在很大程度上影响着整个全球石油贸易系统的稳定性与运作效率。网络作为复杂系统的抽象，把不依赖于节点的具体位置和边的具体形态就能表现出来的性质称为网络的拓扑性质，相应的结构称为网络的拓扑结构。有关学者总结了能够表达网络相关拓扑特性的若干测度指标，包括网络平均最短距离、节点度分布、集聚度、度相关等。运用复杂网络对实际网络进行描述，有助于决策者以及利益相关方更加深入全面地认识问题的本质特征，在科研合作、社会关系、论文引证以及互联网研究中都得到了广泛的应用。特别值得关注的是，在对贸易网络的研究中，相关研究指出全球范围内国家间双边贸易的选择机制最终形成了具有小世界特征的国际贸易网络。2008年段文奇等重点研究1995～2000年间国际贸易网络拓扑结构特征的演化规律，并进一步指出，一个国家的经济增长或波动、贸易政策的改变直接或间接对网络中的其他国家产生影响，这种影响通常并不局限于区域内的局部国家，而是可以沿着国际贸易网络进行广泛传播。

现有研究中，不同国家的学者也多是从维护本国能源安全的立场出发，对石油进口布局进行优化研究。对于供应国而言，则面临着能源出口的“路径依赖”以及“资源诅咒”对经济增长的抑制，更担心国际能源市场上能源供应链条的中断以及与此相关能源危机的发生，更需要稳定持久的石油消费市场。对于能源需求国而言，在能源对外依赖严重的情况下，更多的是从外交战略和国家安全等角度考虑和扩大油源，分散石油进口源以实现石油贸易的多元化是确保一国能源供应安全的重要手段。考虑到网络节点所蕴含的经济含义以及风险通过节点在网络间的传播效应，作为全球贸易网络的重要构成，由多个、多类型企业甚至多国家、多地区的主体构成的全球原油贸易网络，节点间彼此依赖、相互影响，其中任何一个节点出现阻断或者不安全因素，都可能波及其他节点，由于网络结构的脆弱性，对整个全球原油贸易系统造成破坏。何琬等人在利用恒定市场份额模型对中国原油进口贸易波动研究中发现，世界原油出口结构的变化对中国原油进口变化有着比较显著的影响。能源安全作为相对态势，取决于相关利益方之间的博弈均衡。

2001年之后，中国原油进口来源日趋多元化，由于亚太地区石油资源输出国生产能力不足和自身的供给紧张以及中国石油进口策略的转变，从亚太地区的石油进口量进一步缩减，而从中东和非洲地区的石油进口大量增加，并且前苏联地区的俄罗斯和哈萨克斯坦以及中南美洲地区的委内瑞拉也成了中国主要的石油进口来源地。与此同时，考虑到石油不可再生的战略属性，预期到2030年，净石油出口国将从2004年的35个减少到12～28个之间。石油进口国在未找到新的可替代的经济性能源之前，对现有石油资源的争夺将愈演愈烈。中国则面临着来自其他主要石油进口国日趋激烈的原油贸易竞争，能源安全态势也面临挑战。

国际石油的金融性及虚拟性

当前，国际石油期货市场的交易金额呈现前所未有的快速增长。从2005年至2010年，全球最大的石油期货品种纽约期货交易所的WTI原油交易数量从5965万手增长至1.69亿万手，投资金额已超过10万亿美元。尤其是在2007—2009年期间，石油期货交易导致的金融投机对石油价格的影响成为导致石油价格巨幅震荡的重要因素，国际社会普遍认为石油正在从供需决定价格的大宗商品演变为由金融市场决定价格的金融品。石油的金融品属性，使得其定价模式发生了根本性的改变，由以往的供需基本面决定价格转为市场交易决定价格的金融品定价模式，其价格的主要因素也由以往的原油产量、消费量等变为市场指数、持仓仓位和各种投机因素。

市场气氛。原油价格作为具备金融属性的大宗商品价格，其最根本的决定因素是市场总体的投资气氛以及对未来经济的乐观程度，当市场普遍对未来全球经济看好时，原油期货价格出现走高，反之，当市场参与者普遍悲观时，原油期货价格则可能出现大幅度下降。

市场流动性。作为金融品，市场流动性是决定原油期货价格的重要因素，当货币供应充足、流动性充裕时，金融市场交易数量快速增长，从而带动期货价格快速上升，而当政府收缩银根，市场流动性大幅下降时，各期货商品也由于交易量疲软而价格下滑。但作为拥有大宗商品和金融属性双重身份的原油来说，市场流动性除了直接通过交易量影响其价格以外，还通过通货膨胀预期影响原油价格的变化。通常来说，市场流动性的增加会导致市场出现通货膨胀预期，一旦通货膨胀发生，作为大宗商品代表的原油毋庸置疑会价格上涨，流动性增加通过增强市场通货膨胀预期，从而促使原油价格上涨，反之，流动性减弱也会通过降低市场对通货膨胀的预期，抑制油价上涨。

美元。国际原油交易主要以美元为标价，国际石油期货市场交易也是用美元计价，因此美元汇率成为影响原油价格涨跌的重要因素之一。当美元升值时，国际上黄金、石油、铜等大宗商品原料价格有下跌的压力；反之，当美元贬值时，此类大宗商品的价格将上涨。自2002年到2008年7月，由于美元对世界主要货币的大幅贬值，导致原油价格节节攀升。而伴随着2008年9月份金融危机的爆发，美元作为避险货币开始止跌回升，石油价格则在美元和需求下滑的双重压制下，遭遇重挫。因此美元已经成为各大金融机构分析原油和大宗商品走势的先行指标之一。

投机因素：投机者所持有的非商业头寸比例。在国际石油期货市场上，国际投机资本的操作是影响国际油价的重要因素。尤其是某些突发性事件发生的时候，大量的投机资本便在国际原油期货市场上进行操作，加剧了国际石油价格的动荡。自20世纪90年代以来，石油期货市场的价格对国际油价的影响显著增强，目前已形成了由期货市场向现货市场传导的价格形成机制。由于大量的国际游资进入了国际商品市场，尤其是原油市场，不可避免地推高了国际油价，使其严重地偏离了基本面。根据笔者计算，从2000年5月到2010年12月，通常被用来代表期货市场投资资金幅度的非商业净多头数量与油价变化的相关关系为0.66，表明两者存在明显的正相关关系。

各种突发事件。突发事件包括政治事件、自然灾害、生产事故和劳资纠纷等等。这类因素往往能够改变油价的短期运行方向，或对已有油价运行趋势产生推波助澜的作用。政治事件比如2001年的“9·11”事件、2003年的伊拉克战争都对当时的油价产生了剧烈影响。各种自然灾害或事故会通过影响石油的生产与运输，进而影响市场对石油供求的预期，最终也将对油价波动产生干扰。2004年美国卡列尼娜飓风对美国炼油公司的设施造成破坏，引起人们对美国炼油能力的担忧，从而对当时的油价起到助涨的效应。2004年对油价产生影响的突发事件还有伊拉克的管道爆炸、沙特阿拉伯的恐怖袭击，也有尼日利亚、挪威和巴西等国的石油工人罢工，还有俄罗斯的尤克斯事件。2008年由美国引起的国际金融风暴所导致的世界经济危机造成了国际油价在2008年上升到最高峰147美元/桶后的直线下挫，到2008年末，石油价格一度跌破33美元/桶。2011年2月的中东北非地区的政治动荡则推动石油价格再次登上100美元关口。

石油库存的变化。通常来讲，石油库存有助于油价的稳定。各个国家的石油库存在国际石油市场中均起到了调节供需平衡的作用，其数量的变化直接关系到世界石油市场供求差额的变化，即抛出库存可以使石油供应量增加，补库存则使得需求量上升。库存变化主要受供求差额、价格升贴水、库存目标量、经营状况等因素的制约与调节。因此，库存是反映实际石油供需的重要指标。但在金融市场左右油价的今天，石油库存又是金融市场变化的重要依据和重点盯防指标，所谓“无风不起浪”，金融投资者炒作石油价格通常需要令市场信服的依据，其中突发事件以及石油库存是最好的选择目标。因此，2001年尤其是2004年之后，某些时刻石油库存微小的变化都引起油价大幅的震荡。其中每周三美国能源部公布的原油库存变化也是市场人士最为关注的指标之一。

石油虚拟化既是各种金融衍生品大量增多的直接结果，也是金融衍生品市场发展最大的推动力量。在这一过程中，西方大型金融机构和石油巨头成为了最大的受益者，不仅在石油贸易之外收获巨额的金融收益，还以最简单的方式成为了世界石油价格的主宰，并利用石油在大宗商品中的领头羊地位，成为操控世界大宗商品市场的主要力量。这对于世界政治经济格局尤其是正处于工业化阶段的中国经济将造成重要影响。石油虚拟化最大的结果，将导致油价高位震荡，高位震荡符合大型金融机构和石油企业的最根本利益。目前美国、欧洲等多个大型能源企业纷纷加强页岩气等非常规能源的开发力度，其核心基础在于高油价对高开发成本的支撑，而价格波动则是金融衍生品交易利润的主要来源。

对于正处于工业化尤其是重工业化阶段的中国，高位震荡的油价导致生产企业成本大幅上升，但由于大多数企业产品均为技术水平较低的、替代性极强的劳动力密集型产品，因此在竞争十分激烈的国际市场上，大多数企业只能通过降低自身利润水平以抵销油价对商品价格的推高作用，因此中国大量企业成为了油价上涨的缓冲器。而大量企业利润率的大幅下降，将从根本上延缓产业升级和工业化速度。此外，高油价将加速国内已有的通货膨胀压力，在社会保障并不完善的情况下，政府只能通过出台紧缩性政策保障物价稳定，从而对经济造成明显的抑制作用。因此，我们应当统筹考虑国际石油的金融化虚拟化问题，树立科学的石油安全观。

相互依赖型石油安全观

中国石油企业的海外布局是“走出去”战略实施的核心内容和中国石油国际合作的重要组成部分。无论是“走出去”战略的实施，还是开展石油国际合作，都是为了保障国家石油安全。而扩大对国际石油定价权的影响力和增强在国际能源治理的话语权，则是实现国家石油安全的必要手段。由此，中国石油企业的海外布局，特别是油气大公司在海外的布局，会直接提高国家石油安全度，但是海外布局对国家石油安全的贡献，并不能单纯地理解为从海外运送油气回国，其意义更为深远。若想全面理解海外布局的整体意义，需要我们厘清石油安全这个基本概念，并合理选择看待石油安全的视角，建立一种较为正确的相互依赖型能源安全观。正确的能源安全观能使我们从战略上把握海外布局之路，从而反作用于中国的石油安全。

石油安全概念最初源于20世纪70年代石油危机时期，人们由于担心石油供应不足而产生的一种心理不安全感。石油消费国组织国际能源署（IEA）对于石油安全的理解，即获得足够、廉价、可靠的石油资源。这种石油安全观后来虽然逐步扩展为石油安全内容的四个维度，即上游资源的可开发性、中游的可输送性、下游的可支付性和消费时的环境可容性，但重点依然为供应安全。随着各国能源消费结构内容的逐渐丰富，人们使用的能源品种从石油过渡到油气并重，以及煤炭、石油、天然气传统能源与新能源及可再生能源的综合利用，能源使用方式也从大型集中化向小型分布式发展，石油安全概念更多地被能源安全概念所替代。

石油能源安全的相互依赖性表现在以下几点：第一，石油安全与经济安全、环境安全、社会安全的关联性逐步加大，使得石油能源安全的重点日益从供应安全转移至能源、经济、环境和社会的安全平衡点，实现能源安全不再只是单纯地追求供应安全，而是实现石油、经济、环境和社会的综合安全。第二，由于石油资源地理分布的非均衡性，石油资源呈现出一种全球流动的状态，推动石油资源跨国界流动的是石油贸易、石油金融、石油通道和石油技术，石油资源与后面四项构成了全球石油安全的五大要素。因此，不再有真正意义上个体的、孤立的国家石油安全，国家石油安全与全球能源安全紧密相连。第三，石油等能源产业上、中、下游更加一体化，能源不同品种间的相互补充性和约束性也更加明显。

相互依赖型石油能源安全观是指以关注全球能源安全为前提的彰显“互利合作”“多元发展”“协同保障”的新能源安全观。在具体实施中，着力于中国在2006年俄罗斯圣彼得堡八国集团会议上提出的三个方面：加强能源开发利用的互利合作；国与国之间加强政策协调，促进油气资源开发以增加供给，在能源需求和供给基本均衡的基础上确保稳定的可持续的国际能源供应及合理的国际能源价格，确保各国能源需求得到满足；形成先进能源技术的研发推广体系；维护能源安全稳定的良好政治环境。携手努力共同维护产油地区的稳定，以确保国际能源通道安全。这是一种带有中国“和谐”文化特色的综合能源安全观。这种观念既反映了中国改革开放至今能源发展历程，又体现了在能源现实发生变化后，中国对能源安全的变革性诠释。同时，这种诠释已经对中国能源企业的海外布局产生了重要的指导意义。

中国石油相互依赖观转向

纵观中国能源发展史，虽然1959年大庆油田的发现使中国在较长一段时间实现了石油自给自足和少量出口，但到了20世纪90年代，随着经济持续发展，中国的石油需求量节节攀升，石油对外依存度逐年增加，使中国石油行业与国际石油市场密不可分。同时，中国以煤炭为主的能源消费结构增加了碳排放量，中国在遭受巨大国际压力时也积极实行各种减排措施。在发展过程中，中国的能源安全观从最初的能源独立观转向能源相互依赖观，从对石油能源供给安全的关注转向对石油能源需求安全的关注，进而使中国进行海外布局的指导思想产生相应变化，体现了“零和博弈”之能源安全观向“合作双赢”之能源安全观的转变。

这种转变促进了国际合作，给中国海外布局带来的巨大成就是：能源企业逐渐在能源合作上起到主体作用，打破了之前一贯的“政府先行，为企业铺路”的形式；与世界多个国家、国际组织签订了政府间能源合作协议，为中国开展对外能源双边与多边国际合作奠定了扎实基础；中国在全球33个国家执行着100多个国际油气合作项目，建成了五大国际油气合作区，形成了中国开展国际油气资源合作的全球性区域格局；初步建立了以石油、液化天然气（LNG）、天然气、煤炭、铀矿为主的能源进出口贸易体系，运输方式以油轮为主、管道为辅和少量铁路，国际市场上以现货、期货及长期购买协议等多种方式结合。同时，中国能源公司极大地提高了其自身国际竞争力。经过这些年的发展，中国国有能源企业不但掌握了国际能源合作项目运作模式，积累了丰富的资本运作、合同谈判等方面的经验，海外投资效益不断提高，实力不断壮大，国际影响力显著增强。

用相互依赖型能源安全观检测中国能源企业的海外布局对促进国家能源安全的实效与作用，可以看到以下两点：首先，海外布局提高了中国对全球石油价格定价权的影响力。全球石油价格定价权是一个综合体，有众多影响因素，也有极其复杂的影响机制，不是简单的一国或几国乃至国际能源组织所能左右，只能是对其影响的大与小。自1993年中国成为石油产品进口国，1996年成为原油进口国，20多年来的海外布局已使中国成为全球能源安全的贡献国之一。海外上游的勘探开发与生产，增加了国际石油市场的油源；权益油的获取，减少了中国国内对国际石油市场的需求。其次，海外布局增强了中国在国际能源治理中的话语权。中国与世界主要能源生产国、消费国，以及国际能源组织都建立了交流合作关系，是国际能源论坛（IEF）、世界能源理事会（WEC）、亚太经合组织（APEC）能源工作组、中亚区域合作能源协调委员会等十几个多边能源合作机制的正式成员，是能源宪章（Energy

Charter）的观察员，并与国际能源署（IEA）建立了密切的合作关系，与海湾合作委员会、石油输出国组织、欧盟等区域性组织也建立了合作机制。在正常的合作过程中，不断构建着中国国家以及企业在其中的话语权。

相互依赖型石油能源安全观下的中国石油能源海外布局之路，应更注重投资品种的多元化，更强调多种手段的综合使用，更加强投资产业链的一体化效益，更关注能源投资对被投资国经济、环境和社会安全的多重影响。

怎样建立长期相互依赖的油气关系

就中国自身发展而言，我们更关心的是石油进口安全问题，石油输出国则更关心的是出口安全问题，他们至少在15年之内面临的是一种激烈的竞争状态，不仅是欧佩克内部，而且大量的来自于非欧佩克成员国，也都是独立生产国。从20世纪80年代末开始，沙特阿拉伯、科威特、伊朗、阿联酋就开始推行争取市场份额的战略，通过在下游领域投资，确保石油出口。具体地说就是在主要的石油市场投资兴建炼油厂、网点、运输储备设施，以此为条件，让这个市场只进口他们的原油。如果说中国把大量的沙特阿拉伯投资引到中国来，建炼油厂，改造我们的炼油厂，建运输系统和战略储备，同时进口沙特阿拉伯的石油，在这种情况下，相互依赖关系就得到了加强。沙特阿拉伯不能中断对中国的石油供应，因为市场有保障，而且中国是很有潜力的市场，中国的石油安全问题也解决了，这就解决了双方的进出口安全问题，这是两个国家石油安全问题的战略结合点，在这种结合点上多做文章，相互依赖关系就可以建立起来。

他山之石，可以攻玉。不妨看看西方的做法。20世纪80年代，美国对沙特阿拉伯专门开放国库券市场，一方面石油美元回流，一方面把钱控制在自己手里。日本80年代中期专门向石油输出国开放日元债券市场，把大量的石油美元控制在日本手里。这样一损俱损，一荣俱荣。另外需要说明的是，援助也是一个很重要的手段。日本通过大量的援助给石油输出国，使其对日本产生依赖，在石油政策上就要对日本让步。这种形式很多，在外交上相互支持，都是建立相互依赖关系的手段。西方国家解决石油问题，主要靠“安全地依赖”。不要因为依赖而使自己变得脆弱。应该做到既依赖，命运又掌握在自己手里，做到“安全地依赖”。我们不仅要跟生产国搞好关系，同时要跟消费国搞好关系。在石油能源战略上，观念更新最为重要。如：看待恐怖主义要站到战略的高度，站到国际安全、全球安全的角度来思考，不可以简单地随波逐流。

自1993年中国成为石油产品进口国，1996年成为原油进口国，20多年来的石油海外布局已使中国成为全球能源安全的贡献国中的一员，也增强了中国在国际能源治理中的话语权。多年来的石油安全实践，告诉我们不但跟生产国搞好关系，同时还要跟消费国搞好关系。在维护中国石油安全中，就是要彰显以“互利合作”、“多元发展”、“协同保障”为内容，以关注全球的石油安全为前提的相互依赖的石油安全观。

国与国之间加强政策协调，促进油气资源开发以增加供给，在能源需求和供给基本均衡的基础上确保稳定的可持续的国际能源供应及合理的国际能源价格，确保各国能源需求得到满足；形成先进能源技术的研发推广体系；维护能源安全稳定的良好政治环境。携手努力共同维护产油地区的稳定，以确保国际能源通道安全。

第5章

撑起强国的基础：中国海外石油战略

据悉，如果不采取任何措施抑制能源消费，到2030年，中国约75%的石油要靠进口。届时，中国每年将消耗约8亿吨石油。这比中国2013年消耗的石油总量高出约60%。随着石油对外依存度的加大，中国石油海外战略问题已经十分严峻地摆在我们面前。现在所有国家都是整个全球市场的组成部分。一个国家的能源政策，不站在全球的角度去考虑，就不是一种切实可行的方案。应当全面掌握并精妙运用国际市场的游戏规则，让中国石油企业“走出去”，以市场化手段积极架构和实施国际化经营战略。

石油安全战略是国家发展战略的重要组成部分。可持续发展属于国家发展战略，它从更高层次上对石油安全战略的子战略石油外交战略提出任务和要求。因此，可持续发展战略亦可视为石油外交战略的制定依据。石油外交战略的制定必须体现可持续发展战略的要求，始终以促进社会主义现代化建设为目标，以保证经济和社会发展对石油能源的需求为己任，以石油能源的可持续发展确保经济社会的可持续发展。因此，维护海外石油资源的可持续供应，增强海外石油利益的保护能力，关系到中国经济发展大局，关系到中国经济社会的可持续发展，关系到中国的社会进步，是中国外交工作中的重要组成部分。我们要着重从下几个方面着手予以阐述。

互利共赢的国际战略

能源问题是全球性问题，中国的能源安全绝不可能关起门来实现。我们应当以互利共赢的战略眼光，从全球能源的高度来认识中国石油的可持续供应保障问题。随着经济可持续发展，中国的能源需求将以更快的速度增长。2003年初，中国地质科学院发表报告说，除了煤之外，后20年中国实现现代化，石油、天然气资源累计需求总量至少是目前总量的2～5倍。报告指出，中国的主要油田都已接近生产结束期，到2020年，中国需要进口5亿吨原油和100亿立方米天然气，分别占国内消费量的70%和50%。

如前所述，尽管中国能源安全目标的实现，从长远来看有赖于能源品种的多元化，在煤、油气消费增长的同时，要逐步增加水能、核能、太阳能、风能和生物能等洁净高效能源的比重，但是在近20年左右，石油作为中国清洁能源中需求增长最快而供给能力严重不足的品种，它的短缺已经成为中国能源安全的瓶颈和主要矛盾中的主要方面。作为一个发展中大国，中国的能源安全之路虽然不可能完全步欧美大量进口海外能源模式之后尘，但中国的能源安全绝不可能关起门来实现。欧美通过大量进口海外石油来确保国内能源安全的前提是它们拥有强大的制海权。对于中国这样的对外石油依存度较高的大国来说，缺乏有力保障，尤其是缺乏制海能力对海上运输线安全的保障，其石油安全承受着较大的风险和压力。

过分依赖中东和非洲地区的石油和单一的海上运输线使得中国的石油进口的脆弱性比较明显。相对于海外能源进口的增长步伐来说，中国为维护这一能源利益的自卫手段仍然严重滞后。中国必须为此有所计划，并早作准备，实施海洋强国战略，以确保在国际市场上通过正常的经济贸易手段而获得包括石油天然气在内的经济利益。

“走出去”的跨国石油经营战略

中国石油企业“走出去”进行石油勘探开发的跨国经营，不是基于目前中国大量进口石油、国内石油供应紧缺情况的一种权宜之计，而是21世纪中国石油能源战略的极为重要的组成部分。因为，即使未来国产石油大幅增加，中国也应该拥有足够的作为战略物资和优质能源的石油，以使石油供应在较长时期内的安全性得到保证。近10年来，尽管中国在26个国家开展了油气田合作项目，在7个国家获得了份额油，2002年整个中国石油企业拿到的海外份额油估计为2000万吨，占中国原油产量的12%左右[64]。但是，中国对全球石油资源的占有率尚不足4%。目前中国石油、中国海洋石油和中国石化三大石油公司都在继续积极实施“走出去”战略，以争得更多的海外石油份额。中国三大石油公司应加强沟通和协调，避免在海外寻找石油项目中“撞车”，为此，三方可以整合内部资源，形成合力，合作对外；或者与外国公司结成战略联盟，以增强在国际石油领域的竞争力。同时，还必须制订适合中国国情和自身条件的“走出去”具体策略，比如采取“远近并举、难易并进，由小到大、以小博大，跨国收购，多元多向”等策略。

鉴于中国经济的可持续发展走势及其在世界经济格局中的地位，今后中国对世界石油市场的参与度、影响度都将大大提高。中国不仅现在和未来是石油消费大国，而且必将成为世界石油生产大国，并将在国际石油贸易、石油金融领域发挥重要作用。中国绝不只是世界能源市场上一个纯粹而被动的消费大国或进口大国，中国的石油企业也要像国际石油公司一样成为实力雄厚的大跨国公司。现在是中国对自己在世界石油市场中地位及作用作出准确判断的时候了。随着石油经济全球化进程的加快，中国将在世界石油勘探开发、石油供应、石油投资等领域扮演越来越重要的角色，并将在建立国际石油政治经济新秩序中，充当游戏规则的制定者、修改者和执行者，从而成为世界石油市场的受益者和维护者。

中国石油安全“走出去”战略包括以下内容与原则：第一，立足国内、面向全球。要解决中国大陆石油供应不足的问题，应国内、外同时并进，以国内为立足点，加强对国内石油资源的探勘，包括海洋（黄海、东海、南海）石油资源的探勘，大力发展石油生产，以减少对国外的依赖，降低石油供应风险。第二，推行“走出去”的战略，要具备多方位、有重点。把重点放在中国周边的国家，主要着眼于经济和安全。未来应将石油战略选择在政治稳定，关系友好的邻邦，如能源大国的俄罗斯及油气蕴藏丰富的中亚国家。第三，推进“走出去”战略要积极、稳妥。要加大海外的投资，提高石油的储备能力。第四，推动“走出去”战略要处理好三个关系。一是上游和下游的关系降低油气成本，保证油气安全供应。二是自力更生与开放和对外引进的关系。在经济全球化快速发展的现在，必须进一步扩大开放，发展国际合作，引进国外资金、技术，加快国内石油工业的发展。三是分散和协调、统一、联合的关系。为了增强国际能源竞争意识，我们要鼓励石油公司将目标放在海外石油的开拓，唯有这样，才能使国家石油公司创造更多的利润。

政府和企业支撑的双轨外交

由于海外石油开发与贸易竞争激烈，加之中国石油企业“走出去”的时间不长，经验也不丰富，因此，要提高中国石油企业进军海外石油市场的成功率，需要政府和企业双方积极创造条件。一方面，中国政府应为石油企业跨国经营提供外交、法律、制度和政策层面的支持。“由于石油的特殊的战略价值，在当代社会，一国要想获得经济发展、政治稳定、军事安全，不能没有充足、稳定、价格合理的石油供应。对于高度依赖国外石油资源的国家来说，必然别无选择地要卷入与石油有关的国际事务中去；对外依赖程度越高，对威胁的感觉就会越强烈，其对外战略中的‘油味’就会越重。”“在当代国际关系中，石油既是各国政治外交的争夺对象，又是达到政治外交目的的手段。”因此，中国在开展国际政治活动和制定对外政策时，一定要考虑石油安全因素，要通过多边外交、首脑外交、周边外交、经济外交、区域外交和大国间外交等多种外交手段，为中国石油安全创造有利的国际环境。同时，政府可以建立健全企业境外投资管理制度，调整国家现行税收、信贷和外汇政策，设立海外油气风险勘探专项基金，鼓励石油企业进行国际融资，“走出去”参与国际资本市场和油气市场竞争。此外，还可以通过其他灵活多样的方式加强与油气生产国、消费国和国际能源组织的沟通协调，为中国石油企业跨国经营创造宽松的国际环境。另一方面，中国石油企业必须加强对海外有关油气田所在国的投资环境的研究，包括充分认识和理解当地的法律法规、产业政策、投资环境、世界排位以及政治外交倾向等，达到知己知彼，有的放矢，多方应对。

实现多元化石油战略

首先，实施石油进口地域多元化。中东特别是海湾地区是世界上石油资源最为富集的地区，在相当长的时期内仍将是世界市场上石油的主要供应者。石油进口国特别是石油进口大国都不能不同它打交道。中国也不例外，目前有一半以上的石油从中东地区进口。但是，作为“世界油库”的中东，却是当今世界最为动荡的地区，其石油供应往往受到宗教、民族、边界和其他多种复杂因素的影响，伊拉克战争结束后中东和平进程并未加快，而恐怖主义威胁有增无减，以暴制暴恐成恶性循环。因此，石油进口来源过度集中在中东有很大的风险。实施石油进口地域多元化，首先要从以进口中东石油为主转向逐步扩大进口非洲、拉美、中亚、俄罗斯及其他周边国家和地区的石油，以分散进口风险。其次，实施石油生产及种类多元化。如实施国内和国外生产相结合战略以加强中国石油产业；确定可调整的原油、成品油的进出口比率以稳定国内油市；引进国外资金和技术，提高上游企业石油开采生产率和扩大石化及相关产业部门生产规模，以增强石油企业国际竞争力。第三，实施石油战略结构多元化。该战略由生产、贸易、金融（建立石油开发基金、增强中国石油公司国际融资和市场竞争力）及国际合作、经营管理等各种要素单元组成。国际石油政治和经济发展史表明，多元化石油战略是实现进口国石油安全和国家经济安全的重要举措。对于中国来说，多元化石油战略势在必行。

确立多边油气合作安全机制

石油安全问题不只是一个国家的问题，而是一个全球性的问题，几乎所有石油净进口国，不论是强国大国，如美国、日本、中国，还是中小国家，如以色列、韩国等国，都面临着能否以合理的价格获得足够石油的问题。因此，石油安全是集体安全，而不是单个国家的安全。只不过，中国作为世界人口最多的国家和经济发展最快的国家，石油安全问题更为紧迫。当今世界，石油安全问题不可能游离于世界经济全球化的大势之外而单独成为一个封闭的市场，它只能通过双边或多边的合作或竞争下的合作，在彼此相容、交融和整体平衡的利益中实现。

石油安全问题实质上并不是总量严重不足的问题，而是世界石油资源如何合理有效配置的问题。20世纪国际石油格局的变化和调整，以及大国能源政策演进的历史表明，“竞争下的合作”将是21世纪国际石油领域发展的主要趋势。从这个意义上说，中国在海外能源竞争应该避免发生国际冲突，要与各国在石油领域共同合作或实现竞争下的合作。这样的合作乃是各方实现能源安全过程中“多赢”良策。

谋求建立一种稳定且具有相当透明度的国际间油气供应合作体制是当前国际趋势之一。建立双边、多边、区域性或国际性石油能源合作体制，达到石油开发输送合作稳定安全，并建立相互保障、相互制约和完善的仲裁机制，是大多数国家的愿望。欧洲的《能源宪章》已逐步扩大到世界许多国家，成为共同遵守的规章。

目前，中国特别要加强与俄罗斯、中亚各国和东南亚国家和地区的合作，建立石油供应战略联盟；还应在上海五国合作组织的基础上，加强与俄罗斯和中亚各国的油气合作开发和能源经贸关系。

海外石油生命线的安全通畅

石油安全战略已是21世纪国际政治的重要议题，因为其重要性已与国家安全与国家发展结合在一起，尤其对石油进口依存度甚高的中国更具时代意义。因此，确保海外石油生命线的安全通畅，就成为新世纪中国石油安全战略的首要任务。中国要积极运用大国外交的机制，加强与产油国家建立双边与多边的战略伙伴关系，在石油合作、共同开发、分散油源等方面有所作为；中国要以未来20年的经济发展需求安全为着眼，兴建陆上油管以达成石油的战略目标，同时更要将石油重心向新兴石油处女地非洲及中亚地区倾斜，以获取更多的石油利益。

中国进口的石油90%经由远洋油轮运送，中国有近九成的进口石油运输要通过“波斯湾—印度洋—马六甲”的高风险航线，这也促成中国在巴基斯坦瓜达尔港与孟加拉国及缅甸兴建石油港口。从这个角度观察，中国应全力确保这条国际运油航道的安全，也应更加积极营造与印度、东南亚各国的和平关系。

中国要积极开展与巴基斯坦、孟加拉国国、缅甸、柬埔寨和泰国的合作，以进一步实现“印度洋航线”计划。这项计划的主要内容有三：一是巴基斯坦的瓜达尔港方案，将该港口定位为进口石油的中继站。二是“缅甸通道”，扩建云南昆明经瑞丽直至缅甸实兑港的石油管道。三是“克拉运河”方案，中国以参与股份的形式，支持在泰国南部的克拉地峡开凿一条全长100公里的运河，以分散经过波斯湾至马六甲海峡的高风险地区的运输份额。

随着石油对外依存度的加大，人们已越来越清醒地意识到，只有掌握油源，才能从根本上改变国际油市一打喷嚏国内油市就感冒的现状。因此，要让中国石油企业“走出去”，布局中国油气海外业务，推动海外业务规模、有效、可持续发展。中国三大石油公司通过“走出去”把在海外市场上获得的份额油运回国内，才能从实质上保护国内的石油资源，减少国家未来石油短缺的压力。

第6章

“油库中东”与中国石油安全

中东蕴藏着丰富的石油资源，是世界重要的石油阀门。当前，中国从中东地区进口原油占中国原油进口总额的一半以上；从整个阿拉伯地区进口量占中国总进口量的70%。虽然中国积极推进石油进口来源多元化，但从现实看，短期内难有其他地区取代中东。中国经济对中东石油的依赖也是一种非对称的依赖，中国经济对中东石油的依赖度大于后者对前者的依赖度，从而使中国经济显得极为脆弱。中国与中东国家的能源合作关系是确保中国能源安全的关键。

真正在中东油气被扼住咽喉的，不是美国，而是中国。一组触目惊心的数据说明了这个事实：通过压低国内消费、开发国内非常规油气，美国的石油对外依存度已经从十几年前的70～80%，下降到50%以下，尤其是对中东石油的依存度，已经从2003年的28%，下降到目前的15%。与之相反，中国的石油对外依存度逐年上升，目前已经超过55%，成为了全球“最缺油”的国家。从进口来源看，中国的海外石油主要来自中东，进口份额达到了51%。更为严重的是，伊朗石油占到了中国进口量的11%左右。可以预料的是，作为中东紧张局势导火索之一的伊朗，一旦发生大规模军事冲突，将直接对中国石油供应保障提出巨大挑战。

作为“世界油库”的中东地区不妨称为“油库中东”，这是中国石油安全的关键地区。

多棱镜下的中东地区

战略要地的中东。严格意义上来说，“中东”不属于正式的地理术语；但仍然可以在地理意义上寻找依据。根据距离欧洲的地理位置按远近划分成了：近东，中东，远东。“中东地区”或中东，是一个欧洲中心论的词汇，指欧洲以东、并介于远东和近东之间的地区。具体是指地中海东部与南部区域，从地中海东部到波斯湾的大片地区。在地理上，中东的范围几乎涵盖整个西亚地区，并包含部分北非地区。“中东”是欧美人使用的一个地理术语。一般来说包括巴林、埃及、伊朗、伊拉克、以色列、约旦、科威特、黎巴嫩、阿曼、卡塔尔、沙特阿拉伯、叙利亚、阿联酋和也门，另外，巴勒斯坦、马格里布国家（阿尔及利亚、利比亚、摩洛哥、突尼斯、毛里塔尼亚），以及苏丹和索马里，由于阿拉伯世界历史文化原因，一般认为属于中东国家；土耳其和塞浦路斯尽管地理上属于中东地区的一部分，但是他们自身认为属于欧洲；北边的阿富汗有时也与中东联系密切。

中东大部分为西亚，但与西亚的区别一般认为是：1.中东不包括西亚的阿富汗，包括地处外高加索的格鲁吉亚、亚美尼亚、阿塞拜疆；2.中东包括非洲北部国家埃及；3.中东包括了土耳其的欧洲部分。

中东是两洋三洲五海之地，其处在联系亚欧非三大洲，沟通大西洋和印度洋的枢纽地位。其三洲具体指亚欧非三大洲，五海具体指里海、黑海、地中海、红海和阿拉伯海。其中里海是世界上最大的湖泊也是最大的内陆咸水湖。交通便利，可顺利运送石油到世界各国。位于“五海三洲两洋”之地的中东，是沟通大西洋和印度洋、连接西方和东方的要道，也是欧洲经北非到西亚的枢纽和咽喉。中东在世界政治、经济和军事上的重要地位，使其成为世界历史上帝国主义列强的必争之地。

储量丰富的石油中东。中东是世界上石油储量最大，生产和输出石油最多的地区，中东石油主要分布在波斯湾及沿岸地区，所产石油绝大部分由波斯湾沿岸港口用油轮运往西欧、美国、日本等发达国家和地区，对世界经济发展具有重要影响。中东地区是个天然大油库，2010年石油剩余可采储量1000亿吨，占世界总储量的57%；石油年产量11.3亿吨，占世界总产量的31%。

中东主要的产油国家有沙特阿拉伯、科威特、阿拉伯联合酋长国、伊朗、伊拉克，其中沙特阿拉伯、科威特、阿拉伯联合酋长国等，从出口石油中获取了巨大财富，成为富裕国家。中东所产石油90%以上运往西欧、美国、日本等地。多少年来，中东以其极其丰富的石油资源促进了人类的繁荣和进步，中东是主要石油消费国的主要石油供应国，但也成了无数战乱的根源之一。毫无疑问，中东在21世纪仍将是世界石油供应的中流砥柱。由于这一特殊地位，也将成为经济、政治、军事激烈争夺的焦点。战乱此起彼伏，使中东人民在享有石油带来巨大财富的同时，也蒙受了油田被破坏、石油产量升降无序等带来的损失。

水资源紧缺的中东。中东的气候类型分为埃及、阿拉伯半岛热带沙漠气候，伊朗高原为温带大陆性气候，地中海东岸为地中海气候，炎热干燥。撒哈拉沙漠、阿拉伯沙漠和地中海以东的沙漠覆盖并威胁着大片地区。中东地区降雨量很少。离地中海215公里的开罗年平均降水量仅有28毫米，大部分地区年降雨量不足250毫米，沙漠地区更在100毫米以下。伊朗高原中部和阿拉伯高原南部，往往连年不下滴雨，烈日似火，沙漠茫茫，属世界上著名的干旱区之列。因此，中东虽然石油资源十分丰富，但水资源却非常紧缺。中东地区21国的人口正以平均3%的速度增长，进一步加剧了水资源的紧张状况。阿拉伯沙漠和干旱地区研究中心的调查表明，阿拉伯世界必须再开发出目前供水量的一倍，才能满足农业的需要，实现粮食的自给自足。目前，整个中东地区农业用水占87%，工业和家庭用水分别占7%和6%。另据世界银行1995年发表的一份报告统计，到2025年，中东地区每人每年将只有700立方米的新鲜水，是1990年的1/2，1960年的1/5，而且这些水将比以前更脏。专家认为，未来人口增长将导致用水量成倍增加，而水资源人均年占有量如果低于1000立方米，有关国家就会面临严重的缺水局面，就可能变成争端和死亡的根源。

水资源匮乏严重影响中东人民的生活和生产。随着人口的增长、经济的发展，中东水资源紧缺日趋严重。河流、湖泊水资源分配上的矛盾，也是形成中东紧张局势的原因之一。水资源的匮乏不仅影响着中东国家的生存发展，也对中东地区的政局产生了深远的影响。各国对水资源的开发乃至争夺屡见不鲜，冲突和战争也时常发生。四次中东战争都有争夺水资源的因素。

“我们这一地区的潜在冲突导火索不是土地，而是水。”约旦国王阿卜杜拉曾经如是说。早在1919年，犹太人就已指出，他们建国的“最基本要求”有赖于控制发源自戈兰高地的约旦河。以色列已故总理拉宾曾经说过，“如果我们解决了中东的所有其他问题，但是却没有令人满意地解决水的问题，那么，我们的地区将会爆炸。”

多种文化差异下的中东。中东的人种主要是白色人种。历史上，东西方文化在这里频繁交流，多种民族在这里汇聚。现在，中东的各民族仍然保留着自己的宗教信仰和风俗习惯，大多数居民信仰伊斯兰教，少数居民信仰基督教、犹太教和其他宗教。伊斯兰教、基督教和犹太教都把耶路撒冷当作是圣城。文化上的差异也是导致中东不安定的重要原因之一。就信仰和思潮来说，中东主要存在着泛阿拉伯主义和泛伊斯兰主义，两者间具有明显区别。泛阿拉伯主义是非宗教性的，旨在建立一个政教分离的国家联邦，强调不论宗教信仰，不论民族，凡是讲阿拉伯语的都是一家人。泛伊斯兰主义则是宗教性的，旨在建立一个政教合一的国家体系，强调不论国家，不论种族，不论讲什么语言，凡是信伊斯兰教的都是一家人。泛阿拉伯主义的基石是阿拉伯语言、阿拉伯文化，而泛伊斯兰主义的基石则是伊斯兰宗教信仰。

中东地区既是东西方经济文化的交汇之地，也是多种民族迁徙的通道和融合兴替的场所。因此，中东地区民族分布很复杂，民族跨界而居的现象十分普遍。长期以来，由于历史的或宗教和教派的原因，这些民族之间的关系复杂而多变，矛盾和冲突时而发生。特别是在近代，英法等西方殖民主义势力为了维护其在中东地区的殖民统治，除了用武力镇压当地人民的反抗外，还通过人为的划界分疆，肢解原属同一民族的地区为不同国家，以达到分而治之的目的。他们利用不同的宗教信仰和教派的分歧，借口保护少数民族，制造民族隔离，致使当地的民族矛盾和冲突愈演愈烈，成为导致这个地区动荡不安的一个主要原因。

冷战后大国的中东石油之争

在美苏两极对抗时期，对中东石油支配权的控制成为美国用来进行冷战并最终搞垮苏联的一个重要战略工具。冷战结束后，美国由争霸中东石油转向独霸中东石油。但是，海湾战争的胜利、苏联的解体和美国“一超”地位的取得，并不能阻止其他国家特别是世界性大国参与中东油气资源的竞争。事实上，冷战结束后，虽然两极格局不复存在，但是，鉴于中东集地缘和能源优势为一体的极其重要的战略地位，世界主要大国并未望美国霸权而却步，它们对中东石油的争夺不仅未停止，反而更加激烈。

冷战结束之初大国对中东石油的争夺

冷战结束后，美国“一超”和“单极”地位刺激起其主宰世界、构筑“美利坚治下的和平”的野心。当时布什政府确立了以建立“中东新秩序”为目标的中东政策，核心内容是：通过中东秩序的安排，确立冷战后美国在中东地区的主导地位，建立一种维护美国利益的地区安全体系，推行美国式的民主、自由和价值观念，从而建立其统治下的“世界新秩序”。后来的克林顿政府甚至小布什政府，都基本延续了布什政府的这一中东政策。

确保中东石油利益是美国历届政府对外政策的重要目标之一。冷战后，美国为了极力维护全球霸权地位，进一步加强了其攫取和控制中东石油的决心和力度。美国政府认为，其至关重要的国家利益取决一个稳定和安全的海湾，而美国前总统尼克松说得更直白：“因为波斯湾拥有世界探明石油储量的65%——并且因为它被预计是未来25年世界意义重大的可出口石油唯一的来源——所以我们别无选择，只有继续介入这个地区。”由此可以看出，中东石油及其霸权地位是美国最为关键的国家利益之一，一旦认为它受到威胁，哪怕是潜在的威胁，也要不惜一切代价加以维护。2003年，美国不顾全球反战舆论，绕开联合国，先发制人地侵入伊拉克并推翻抵抗美国中东石油霸权的萨达姆政权，就是明证。

虽然冷战后世界处于多极化曲折发展时期，大规模的军事对抗可能性大为降低，世界各国开始了一场以经济和科技为核心的综合国力的竞争，但是，中东的石油和地缘战略地位并未下降。冷战后，大国势力纷纷进入中东，争夺经济、政治等战略利益。因此，对于美国独霸中东石油的一系列宣示和做法，欧盟、日本和俄罗斯等大国（集团）并不赞同，它们竞相加入了争夺中东石油的行列。

1993年7月，欧洲议会通过一项决议，谴责美国轰炸巴格达所造成的平民伤亡。法国与伊拉克复交，分别与科威特、阿曼签订防务合作协议，参加了伊朗霍梅尼港的承包工程。特别值得一提的是，欧洲为了自己的石油等战略利益，坚决顶住美国采取的“双重遏制”政策的压力，继续保持和发展同伊朗、伊拉克的关系。1997年10月，法国道达尔公司与伊朗石油公司签署一项20亿美元的天然气投资协议，这笔生意还有俄罗斯和马来西亚的两家公司入伙。道达尔公司占投资额的40%，其余两家各占30%。法国和伊朗刚刚达成协议，美国就公开反对，以“达马托法”相威胁。但是法国石油公司毫不动摇，道达尔的发言人认为，“这是自由贸易，我们按法国的法律办事”。法国政府也坚持反对“达马托法”的原则立场。在卢森堡举行的欧盟外长会议表示支持法国的观点，极力主张不应当援引美国单方面的贸易法来惩罚法国的道达尔公司。此外，冷战后，其他欧洲国家，如英国、德国、意大利等都不同程度参与了对中东利益的角逐。

日本国内石油对外依存度高达99%，而且大部分靠中东石油。因此，日本也十分关心海湾地区局势和石油供应通道的安全，并利用一切机会扩大在中东地区的影响，增加自己的发言权。海湾战争一结束，日本就大力扩展在中东的石油业务，积极参与伊朗、也门、阿尔及利亚、卡塔尔、沙特阿拉伯等国石油勘探、开采等活动。1991年日本石油勘探公司与伊朗签约，以16亿美元的投资参加伊朗海上石油钻探，后又购买了也门的部分石油产权，向阿尔及利亚的拉甘盆地地震勘探提供财政资助；日本三菱公司还参加了卡特尔北部天然气田的开发。同年，日本与沙特阿拉伯签订了合资兴建炼油厂的意向书，资本高达43亿美元，双方各占一半。日本还利用海湾国家同欧共体国家在石油化工产品贸易上的矛盾，向沙特阿拉伯提供了大量石化设备和运输工具。日本在海湾战争后所采取的行动取得了令人瞩目的成果，到1992年，日本超过美国，成为海湾合作委员会的最大贸易国。

俄罗斯在调整了全面倒向美国的对外政策以后，于1994年开始重返中东。俄罗斯十分清醒地认识到，冷战后，中东对其战略意义依然重大。苏联解体后，俄罗斯为了保持和扩大在中东的利益和影响，同时牵制美国东扩北约和进军中亚、维护俄罗斯对中亚的传统影响以及借以恢复其世界大国地位等战略利益，对中东丰富的石油资源进行了战略谋划。一方面，俄罗斯如果能够在一定程度上控制西方国家赖以生存的石油资源和西方的战略通道，不仅可以抵消以美国为首的西方国家对俄施加的压力，还能增强俄在世界政治经济中的竞争力和影响力；另一方面，中东还是俄罗斯寻求石油美元战略资源和市场以实现经济复苏的重要地区。

伊拉克战争前夕大国对中东石油的博弈

关于新世纪中东第一场战争——伊拉克战争的目的、性质以及影响，从战争开始前就引起了国际社会的广泛关注。自从2002年1月29日小布什总统发表国情咨文，称伊拉克是“邪恶轴心”国家以来，有关这场战争中的石油因素就一直是美、伊双方就伊拉克是否仍然拥有联合国所禁止的大规模杀伤性武器所进行的政治和外交斗争的一大焦点。萨达姆政府曾数度指责美国之所以揪住伊拉克的大规模杀伤性武器问题不放，蓄意对伊拉克动武，就是为了垄断和控制伊拉克石油。而布什政府则竭力否认“倒萨”行动旨在石油利益，强调伊拉克大规模杀伤性武器及萨达姆政权的性质对美国及国际安全构成了威胁，“倒萨”是为了更好地保障美国自身的安全利益。关于这场战争与石油是否有关以及关系如何等问题已进行了一些探讨，这里从只是战前和战后大国争夺中东石油态势的角度作简要分析。

进入20世纪90年代后半期，国际社会要求取消对伊拉克制裁的呼声越来越高涨，美国想要继续维持对伊制裁政策在联合国安理会遇到的阻力也越来越大。原因主要有二：其一，萨达姆政府频频向国际社会展示制裁带来的国内人道主义困境，感化、分化美国所领导的反伊联盟，让世人同情伊民众因长期制裁所遭受的种种煎熬，呼吁取消对伊制裁。其二，各大国为了自己的地缘政治和石油利益，不顾美国的干预和压力，纷纷与萨达姆政府发展经济关系。1995年初，俄罗斯、法国、德国和意大利等国家的大公司陆续前往巴格达，同伊拉克政府签订了解除制裁后的重建工程合同及石油开发工程合同。2000年9月17日，俄罗斯率先派出搭载11名俄石油部门高级官员的专机，穿越美英在伊上空设置的“禁飞区”而访问伊拉克，同萨达姆政府讨论有关俄伊石油合作事项。法国与俄罗斯还积极组织为伊拉克运送人道主义救援物资，在政治上显示同情伊拉克的同时，纷纷与伊拉克在石油领域展开合作。以抢占一旦联合国解除伊拉克制裁后的伊拉克石油市场。1997年以来，作为伊拉克最主要商业合作伙伴的俄罗斯、法国和德国，积极敦促联合国讨论解除对伊制裁。而萨达姆政府也大打“石油牌”，极力离间美国的反伊联盟，并利用联合国、阿拉伯联盟和海湾合作委员会等多边国际安全机制来改善对外关系、争取打破孤立状态或借机谴责美国。对美国石油安全和霸权战略的实施来说，一个“吓不倒、打不垮”并坚决反美的萨达姆政府的存在，成为主要的牵制性力量，让美国始终难去“石油武器”的“噩梦”阴影。

为了防止海湾战争后美国的伊拉克政策走向失败，以及美国中东石油霸权地位的稳固，2003年3月20日，小布什政府终于对伊拉克发动了“先发制人”的战争。伊拉克战争结束一年后，在美英占领当局向伊移交政权前后，越来越多的证据显示，美英等国政府关于伊拉克拥有联合国所禁止的大规模杀伤性武器纯属虚构，萨达姆政权与基地组织“有染”的论调也缺乏依据。而且，战争结束后，美英占领当局将伊拉克重建的大项目几乎全部交给了美国公司，美英石油公司纷纷进入或准备进入伊境内以抢占石油勘探开发之先机。所有这些，不仅使得战前美国政府的开战理由显得苍白无力，而且更增添了战争的主要目的是为获取石油资源的可信度。伊拉克战争后，美国进一步加强了对中东国家特别是海湾产油国的控制。不管其独霸中东石油的企图最终能否实现，战后美国对中东石油支配权的垄断却达到了一个新的高度。

美国与西方盟国在中东石油利益上的一致性

前述美国与西方盟国对中东石油的争夺，表明它们在中东石油利益方面存在竞争、冲突甚至尖锐的矛盾。但是，这种冲突和矛盾并不具备对抗性，因为它们在中东石油方面还存在着利益的一致性。

首先，它们在高度依赖中东石油方面有着最大的一致利益。尽管美国曾经是世界上最大的产油国，但是这个装在“汽车轮子上”的国家却在1948年成为石油净进口国，此后，其石油对外依存度一路攀升，需要不断从国外特别是中东进口更多的石油。廉价的中东石油一直是美国经济的“动力源”和石油公司发财致富的源泉。而且，美国的西方盟国对中东石油的依赖更强。在第二次世界大战后欧洲重建时期，中东石油起了至关重要的作用，石油成为针对中东提出的杜鲁门主义和针对欧洲提出的马歇尔计划之间的联系纽带，如果没有中东石油，欧洲复兴计划成功的希望就很渺茫。同样，长期稳定地获取廉价的中东石油，也是第二次世界大战后日本经济能够迅速持续发展的重要因素。尽管20世纪70年代，西方国家在遭受了两次石油危机后纷纷试图开发新能源，但是，直到冷战后，欧洲和日本对中东石油的依赖仍然有增无减。

其次，它们在限制苏联等社会主义国家获取中东石油方面存在着利益交汇点。由于苏联与西方有着根本不同的社会主义制度，而且作为美国世界霸主的挑战者不断向中东石油领域渗透，展开对中东石油的争夺，引起西方盟国的恐慌。苏联的存在对于西方国家来说，不仅构成了军事安全的威胁，而且形成了石油安全的隐患。1981年美国著名学者杰弗里·肯普就不无忧虑地说：“我们最根本的恐惧是，当西方仍在危险地依赖中东石油而苏联又将面临着潜在的石油短缺的时候，苏联将会直接地或隐蔽地使用武力或者进行武力威胁，以增强它对中东石油的政治控制。”他建议：“不管我们愿意与否，苏联和它的代理人所参与构成的威胁可能确实需要我们以直接军事手段来对付。”可见，以美国为首的西方盟国往往会暂时放弃各自利益的纠纷，以各种手段防止或对付苏联这个威胁其中东石油利益的共同敌人。正如美国石油历史学家耶金所指出的那样：在苏伊士运河危机期间，“美国的重点放在试图提高它同阿拉伯石油生产国打交道的地位”，以努力恢复中东石油在欧洲的市场。“除了这个考虑以外，还有一个目标就是支持中东稳定的亲西方政府作为对付苏联扩张主义的堡垒。英国和法国当然同意这些战略目的。它们与美国之间的分歧在于手段，而不是目的。”

第三，面对中东产油国维护资源主权和使用石油武器的斗争，美国与其西方盟国也会联合起来共同要挟和对付发展中产油国。西欧一位对石油问题考察了20多年的记者意识到：“在理论上，发达国家进行国际间合作是可以设想的，这种合作的目的在于调节世界市场和制服第三世界的产油国。强制的手段是不乏其中的。”西方国家曾多次联合起来，使用“强制的手段”掠夺中东产油国的石油资源。过去美英争夺中东石油的过程已经证明了这一点，并将在以后的全球油气地缘政治与经济角逐中得到进一步的印证。此外，如果某个地区大国欲称霸海湾或控制中东石油，那么，美国与其西方盟国也会共同干预或削弱它的势力，海湾战争中多国部队对伊拉克的空袭和战后联合对伊拉克进行制裁，就是一个典型的例子。

综上所述，在现代国际关系中，为获得和控制油气资源所发生的对抗、冲突乃至战争从未停止过。当今世界，各主要大国对石油严重依赖及其对外依存度的居高不下，导致它们在全球范围为获得和控制石油资源而进行博弈。

中国必须积极拓展海外特别是中东的油气资源。如前所述，中东是世界上油气资源最丰富的地区，集中了全球2/3的石油储量，随着其他地区能产的萎缩，该地区在世界石油产量中所占份额将不断上升。中东石油无论过去、现在，还是将来，仍然是世界石油供应的“中心站”和国际经济与政治斗争的“主擂台”。尽管西方大国的石油公司几乎垄断了中东全部优质石油资源，但是，在世界经济全球化的背景下，中国作为人口最多、经济发展最快的最大发展中国家和未来世界“制造业中心”，不能不在世界“石油供应中心地带”开展建设性的合作，从而获得应有的石油份额，实现与中东各国的互利共赢。

中国对中东的战略谋划

冷眼静观世界石油冲击和危机的时代已过去，中国已跨人中东石油长河。以往中国主要的石油贸易伙伴是东南亚的印尼和马来西亚等国，但现在这种情况已不能维持下去。因为，一是亚太油源日趋枯竭;二是亚太地区近来石油消费日趋增长。到21世纪印尼和马来西亚已成为石油净进口国。近几年，中国主要从阿曼、也门、伊朗等进口石油，同时，中国正加强从沙特阿拉伯等产油大国进口石油，虽起步较晚，但具后发优势，这样中国唯一可行的选择便是中东石油。

在西方国家对中东国家的认知中，流行一种看法，即任何大国的崛起都离不开中东，中东同时也是埋葬大国的坟墓。在当前的国际体系转型阶段，任何大国仍须高度重视这个“板块”的战略价值：地理位置、油气资源、重要的文明文化影响力、在各种国际和地区组织中的政治经济作用、对其他大国力量构成的牵制和屏障功能等等。问题在于大国与这个“板块”交往的目的和方式：是侵略、占领、控制和干涉，还是相互尊重、平等相待、互利共赢？

中国发展与中东国家的关系，应继续坚持冷静客观的研究判断，根据国际体系转型中的大国力量变化和相应政策调整还未形成的国际局势，从中捕捉中国的发展机遇，并认真地谋划中国在中东伊斯兰地区的战略部署。

值得一提的是，半个多世纪以来，中国与中东国家的关系，较之美欧与它们的关系，一直具有相互尊重、平等相待的友好传统，这是中国对外关系中的优势和亮点。在未来的发展中，中国在能源需求和海运通道安全方面，仍将依靠中东；在应对非传统安全威胁和气候变化等全球性挑战中，也离不开中东国家的合作。

因此，在中国的外交实践中，将中东国家关系仅定位为中国“周边战略的延伸和大周边战略的组成部分”，已不足以反映中国与中东国家关系的实质性内涵，在中国已经形成广泛全球利益的情况下，是否可以考虑改用“中东国家是中国重要的战略资源和战略支撑”这样的定位，使之更加符合现实和未来发展的需要。第二，重视构建中国的中东战略。如果政府和学界都能认同上述的“现实导向”范式，那么就得争取更多的资源支持，在外交部门的统筹协调下，主动设计、经营中国的中东战略，包括核心国家或重要次区域组织的确定，各种合作机制的构建，议程的设置等。在20国集团（G20）还处在建章立制阶段，国际体系转型存在大量不确定因素的现阶段，及早加强同西方国家最感棘手却又具有全球影响的伊斯兰国家的沟通和协调，既有利于促进中国与中东国家的互利共赢，也有利于化解西方国家对华的持续挑衅和施压。

冷战结束以来，美国的全球战略始终建立在“假想敌”基础之上。事实上，包括中国和中东国家在内的广大发展中国家，要维护的只是自己的主权、安全和发展利益，是自己的文明文化传统，选择社会制度和发展道路的权利。在具体应对西方国家的肆意挑战或压力时，与中东国家这个“战略板块”构成犄角之势，不失为是一种有利于双方的选择。

要大力加强包括宗教交流在内的人文外交。从当前和未来一段时间的情况看，坚持求同存异精神，深入开展文明对话，是中国发展与这一“战略板块”关系的重要基础。对中国来说，中东国家虽是一个“战略板块”，但在国际体系转型期间，恐仍会延续其被动惯性。不要等着它们来了解、理解中国的国情和政策，而应多采取主动，积极走出去交流，开展人文外交、公共外交，有针对性地去做争取、整合工作。

利用中东石油的机遇与风险

机遇之一：中国是世界政治大国中唯一同中东所有国家及冲突各方保持良好关系的国家，此乃西方大国想做而做不到的。近年来，美国中东政策的猫权主义色彩，处事双重标准，伤害了阿拉伯国家的民族宗教感情;而中国在中东问题上一方面主张和谈，另一方面又采取不干涉内政的政策，在中东树立了良好形象。

机遇之二：金融危机虽使世界经济放慢步伐，对中东石油需求减少，但中国却受之影响较小，仍保持较高的发展速度，因而国内石油需求仍呈上升之势，这为中东石油提供了极具潜力的石油消费市场。不仅如此，中国对进口中东石油持积极态度。再者，中国还拥有充足稳定的外汇储备。这一切无疑对中东石油具有吸引力。

机遇之三：冷战后，海湾产油国纷纷实行门户开放政策，制定了吸引国际石油资本的优惠政策;在一些国家和地区，石油私有化进程在加快。在此情况下，“软成本”风险较小，较易管理，于是国际石油资本纷至沓来。另外，在海湾地区，政治及商业风险已随中东和平进程的进展而大大减轻了，“红利”在向人们招手，随之而来的跨国投资潮将会“涌现”，此乃中国的又一大机遇。

机遇之四：在海湾国家推出的新能源战略中，面向亚太，特别是东亚的态势十分明显。沙特阿拉伯、科威特等国与日本、韩国合资合营建大型炼油厂的计划正如火如荼地进行，这也为中国开拓海湾石油市场提供了契机。

机遇之五：战略空间上的变化。中东的战略空间正在出现变化。奥巴马一年多来的中东外交与布什政府相比，虽有区别，但美国欲主控中东事务的目标未变，它的中东政策中的双重标准也未变。但从中东国家的视角看，奥巴马政府是口惠而实不至。美在中东的政策调整，现阶段正呈现出战略收缩态势，客观上已为其他大国和新兴大国腾出了战略空间。

当然，中国也面临着诸多方面的挑战。很多人担心，中国的石油对外依存度已经接近60%的警戒线，这可能给能源安全带来威胁。国际能源机构甚至断定：中国的石油需求将在2030年达到每天1000万桶，而那时进口石油的比例将占到80%。学者陈凤英则认为，这种担忧无需夸大。“地缘政治决定我们跟美国不一样，美国有美洲作为石油来源地，我们则绕不开中东”，她说，“何况，中东国家的石油需要卖出去，它们也依附于我们。最近，中沙关系就得到了明显的改善。”但事实上，中国也面临着诸多方面的挑战。

挑战之一：“世界石油战”已拉开序幕，对中国获得中东石油形成压力。尽管有金融危机的影响，但作为亚洲“火车头”的东亚国家仍保持着较高的经济增长率，这使该地区的石油需求增幅仍居世界之首。预计到2020年，世界能源需求增长量的2/3将来自发展中国家。目前，亚洲国家对中东石油的依赖程度已达70%，并且这一趋势仍将加快。据统计，到2020年将达89%。随着资源绝对数量的减少和相对稀缺的增大，亚洲各国围绕中东石油的竞争将趋激烈。这一点在南海问题上已初露端倪。西方专家曾说，“亚洲的‘空油罐’将成为影响21世纪初亚太政治局势的一个重要因素”。与此同时，美欧、日、俄等国家也加紧了对中东石油的争夺。目前，美国已基本掌握了对中东石油控制权;日本正积极加强同海湾各国的关系，其能源外交搞得有声有色;俄罗斯正力图重返中东，其同两伊的关系十分引人注目。

挑战之二：价格竞争和经济力竞争。目前，人们对石油安全的担心，不再集中在大国之间发生一场全球对抗的可能性上，而是集中在中东石油价格的稳定上。以现在的进口量计算，每桶油价每升高1美元，中国就要至少多支出3亿美元。人们不应忘记，象所有的商品一样“石油价格是周期性的，下降以后便是周期性的上涨”，“风狂雨暴”的波斯湾并不稳定。中国石油市场同国际接轨的时间较短，尚缺乏对国际石油市场变化的应变能力。目前，中东石油供过于求，尚影响不到中国进口，但如果爆发象1973年、1979年那样的石油危机，中国经济能否承受住石油价格上涨的冲击，就很值得怀疑了。

挑战之三：风险竞争。虽然中国与美国同是石油进口国，但在石油进口方面却有一个很大的不同。尽管中国的石油制品可能来自全世界，但这些油品大多亦来自中东原油，说明中国对中东石油依赖程度很高。而美国则不然，虽然美国的石油进口依赖程度很高，但美国有着更为多样化的进口来源。美国完全有可能打“石油牌”来对付中国，在最坏的情况下，可能严重影响到中国的能源安全。油源多头是美国保护自己石油安全和国家利益的有利条件，而中国没有此条件。

中国在石油储量上的不足也限制了中国的外交决策。“比如伊朗问题，石油利益的确使中国外交的回旋余地受到了限制。”学者孔博说，“只要有石油进口，就有当地政治造成的很多不可控因素。鉴于中国对国际石油市场不断加深的整体依赖，这种不可控因素的影响并不会因为具体进口来源的变化而从本质上减少。”

中东在中国总体外交中的战略定位进一步提升。在当前的国际体系转型和国际政治经济秩序重建过程中，大国固然是主导力量，但从文化文明体系看，也必须高度关注中东国家的价值观走向。在未来相当长一段时间内，油气仍将是全球最重要的战略资源，我们也就必须关注世界主要能源产地中东海湾国家的政策走向，如它们对新能源的看法，对中国油气合作多元化的反应等。从非传统安全看，我们还必须关注中东核军备竞赛、恐怖主义等威胁的发展态势。中国石油安全及其中东石油战略是一个新问题，没有先例可循，我们应积极开拓进取，走出一条具有中国特色的道路来。

追随着张骞的脚步，伴随着声声驼铃，中国的丝绸和瓷器来到了中东，而阿拉伯的香料也辗转到达了中国。遗憾的是，随着世界中心的西移，丝绸之路在17世纪走到了尽头。古道还在，只是再也看不到骑着骆驼的东西方商队在沙漠中的某处泉眼偶然相遇。如今，一条新的“丝绸之路”重新兴起。这一次，是石油让中国和中东这两个老朋友再续前缘。中东产油国在世界油气储、产领域的主力军地位牢固，无论从油价、油质，还是从地域、运输考虑，中东油气都应是中国的主要石油来源地。同时，中东国家正加快石油经济一体化及多种经营的战略调整步伐，为中国充分利用该地区石油资源提供了契机。要想保证中国能源安全，就必须要与中东国家建立长期稳定的关系，比如拿到油气区块的开发所有权或者油气供应的“长单”等。

第7章

中亚—俄罗斯的油气政治与中国

与中国接壤的俄罗斯及中亚国家的能源矿产资源非常丰富，特别是石油天然气资源。俄罗斯天然气开采量48万亿立方米，占世界探明储量的1/3，居世界之首。俄罗斯掌握着中亚能源出口的管道控制权，迄今80%以上的油气是供应欧洲和独联体其他市场，因此俄罗斯在中亚油气开发中拥有特殊影响力。了解俄罗斯能源战略意图及俄罗斯和中亚国家天然气合作之间的错综复杂关系，对顺利推进中国与俄罗斯及中亚国家的能源合作意义重大，有利于促进中国—中亚—俄罗斯的油气资源合作步入多边轨道，为中国陆上能源安全大通道建设开创广阔前景。

在国际政治中打石油资源的牌已经有很长的历史，俄罗斯也不是第一次利用自身的资源优势，但是这一次克里姆林宫威胁乌克兰要切断对其天然气供应，应该最终促使各国思考能源战略安全的重要性，能源充裕在未来将成为一种和平策略。历史学家们在书写这一段俄罗斯与乌克兰危机的时候，或许会写到一点有利的后续影响，那就是这场危机有可能终结一个国家以切断石油或者天然气出口作为政治威胁乃至政治武器的历史。

摘自《克里米亚危机的启示》

——2014年3月16日《南方都市报》

克里米亚所发现的油气资源是乌克兰局势最近骤然紧张的最重要、最根本原因。

——2014年3月21日乌克兰驻华大使焦明的新闻发布会

整个世界对化石能源的依赖长久以来使得石油资源充裕的国家能以此欺负资源匮乏的国家。在20世纪40年代，美国曾如此对待日本，直接导致偷袭珍珠港事件，可以说能源威胁成为太平洋战争的导火线，也导致第二次世界大战局势发生逆转。1973年以色列对阿拉伯国家战争取胜，阿拉伯石油出口国家联合起来以限制出口、抬高价格作为抗议。至于俄罗斯，凭借丰富的石油和天然气资源，使用能源供应这张王牌胁迫并控制周边前苏联加盟共和国更是近年来常见的事情。

摘自《克里米亚危机的启示》）

——2014年3月16日《南方都市报》

中国高层喜欢见谁？智谷趋势研究中心《2013中国政商关系报告》进行了整理，2013年有上百家境外企业曾和中国国家领导人有过交集，以金融投资类和能源资源类的最多。俄罗斯石油集团董事长谢钦在1年内和中共中央政治局常委会见3次，是这一年和政治局常委互动最多的外国企业家。种种情况表明，俄罗斯中亚油气资源，是中国能够合作利用的重要海外油气资源。据2014年2月14日中国页岩气网讯：2013年，中亚—俄罗斯地区政局总体稳定，中俄油气合作取得突破性进展，对中国油企而言，中俄油气合作进入重大战略机遇期。新普京时代俄罗斯加快能源战略调整，并呈现国家控制加强、开采中心北倾、贸易重心东移三大趋势，中俄能源在油气出口、上下游合作等领域取得重要突破。随着中国和中亚各国睦邻友好合作关系的深入发展，中亚油气合作在中国油企战略发展，乃至中国能源安全和经济发展中的份量将越来越重。

中亚的基本情况

中亚地区位于欧亚大陆的腹心地带，不仅是连接欧亚大陆和中东的要冲，还是大国势力东进西出、南下北上的必经之地。对此，英国战略学家麦金德曾将欧亚大陆喻为“世界岛”，而中亚是其“心脏地带”。中亚是“历史上的地理枢纽”，过去是而且永远是全球最重要的地区，因而谁控制中亚，谁就能控制欧亚大陆，谁控制欧亚大陆，谁就能控制全世界!

1991年苏联解体，各加盟共和国纷纷独立，在苏联时代被蒙上神秘面纱的中亚又重新屹立在欧亚大陆的心脏地区。这不仅大大改变了欧亚大陆的政治地图，而且使中亚地区在地缘政治和战略上的重要性再度凸显出来。

哈萨克斯坦

哈萨克斯坦的总面积约270多万平方公里，是中亚五国中面积最大的国家，居民大多信奉伊斯兰教。

哈国具有丰富的石油、天然气资源，大都集中在里海沿岸及其附近，石油储量约100亿吨，远景储量130亿吨，天然气储量为11700万亿立方米，在中亚国家中居第一位；煤炭地质储量为1700亿吨，主要分布在卡拉甘达州和东哈州等地，是世界10大产煤国之一。金属矿藏也十分丰富，已探明的矿藏有90多种，其中钨的储量居世界第一，铬和磷矿石居世界第二。铜、锌、钼的储量占亚洲第一位，因而享有“能源和原材料基地”之誉。

乌兹别克斯坦

乌兹别克斯坦总面积为44万多平方公里，处于连接东西方和南北方的中欧中亚交通要冲的十字路口，古代曾是重要的商队之路的汇合点，著名的

“丝绸之路”就从这里通过。乌国有人口2511多万，是中亚人口最多的国家，居民大多信奉伊斯兰教。

乌兹别克斯坦的能源资源主要有石油、天然气、煤炭，三者目前探明储量分别为53亿吨、5万多亿立方米、20亿吨，其中天然气被列为世界十大开采国，年产气量在300亿立方米以上，在中亚仅次于土库曼斯坦。油气资源总估价超过1万亿美元，有160多处石油产地，分布在5个主要的石油天然气区域。

吉尔吉斯斯坦

吉尔吉斯斯坦的总面积为19.85万平方公里，500多万人，80多个民族，居民大多信奉伊斯兰教。

吉国的能源中有煤炭、油页岩、天然气、石油，其中煤炭在中亚居重要位置，地质储量为296亿吨，不仅储量丰富、质量好，是优质燃料，还是煤化工的重要原料，煤田主要分布在南北天山地区，部分煤田可露天开采，被称为“中亚煤斗”。主要矿产为有色金属和稀有金属，其中汞和锑的储量和产量均居原苏联第一位，锡产量和汞产量占独联体第二位，锑产量占世界第三位；黄金储量丰富，仅库姆多尔金矿的预计储量已超1000吨；铀矿储量居独联体国家首位，同时是世界主要的产铀国；锑矿储量居独联体首位，在亚洲也仅次于中国和泰国而居第三。

土库曼斯坦

土库曼斯坦面积49万多平方公里，是位于中亚西南部的内陆国。80%的领土被卡拉库姆大沙漠覆盖，是世界上最干旱的地区之一。土国人口有500多万，全国有100多个民族，居民大多信奉伊斯兰教。

该国地下蕴藏丰富的石油和天然气资源。石油储量120亿吨；天然气储量为22万多亿立方米，占中亚地区天然气储量的56%，人均储量可与沙特阿拉伯相比，开采量年均达600亿～800亿立方米，约占世界总储量的1/4，居中亚国家第一位，世界第四位；石油探明储量约有11亿吨，居中亚国家第二位；除南部山区外，土国几乎全境都有油气分布。

塔吉克斯坦

塔吉克斯坦的总面积为14.31万平方公里，是位于中亚东南部的内陆国。地处山区，境内山地和高原占90%，其中约一半在海拔3000米以上，有“高山国”之称。塔国人口约为600多万，居民大多信奉伊斯兰教。

塔吉克斯坦的能源主要是煤炭，目前探明总储量在30亿吨左右，矿床35个，石油和天然气方面，据初步探测结果显示，石油储量为1.2亿吨，天然气8800亿立方米，其中瓦赫什油气区的原油是重油，蜡和硫的含量高，主要用来生产沥青和作锅炉燃料。铀储量居独联体首位，铅、锌矿占中亚第一位。塔境内江河湖泊的水力资源极为丰富，总蕴藏量在6400万千瓦以上，其中有经济利用价值的达1250亿千瓦，水力资源在独联体国家中占第二位；人均电力资源蕴藏量居世界前列，除供应本国外，还可供应周边的中亚国家。

中亚及俄罗斯的油气资源

中亚地区的举足轻重之处也许更为重要的是，它拥有极为丰富的战略资源——石油和天然气。中亚地区的石油储量达2000亿桶，仅次于中东；天然气储量达7.9万亿立方米，排在俄罗斯和中东之后，居世界第三位，中亚地区丰富的油气资源储量，被誉为“第二波斯湾”，被称为“21世纪的战略能源基地”，是举世公认的21世纪全球最具开发潜力的能源资源宝库和中国最直接的能源资源战略供给区。显然，随着海湾地区石油和天然气的储量不断下降，掌握中亚战略资源的控制权，就意味着有可能主宰21世纪的国际能源市场，甚至把持一些国家经济发展的命脉。

从欧亚油气资源分布来看，以中亚—里海为核心向西延展即为“大石油中东”，向北向东与俄罗斯油气地带连接即为“里海—中亚—俄罗斯油气带”。如果再向西延经中东至北非，再向东扩至俄罗斯西伯利亚和远东地区，则形成一个巨大的“全球油气资源核心地带”，蕴藏了全球65%的石油和73%的天然气。而中亚正处于该核心地带的中心，有鉴于此，中亚各国重新评估了自身价值，逐步确立了以“多元化”为主要特征的能源输出战略，以谋求国家利益的最大化。

俄罗斯的油气资源。俄罗斯是世界上主要自然资源唯一能够完全自给的国家。俄罗斯有世界最大储量的矿产和能源资源，是最大的石油和天然气输出国，其拥有世界最大的森林储备和含有约世界1/4的淡水湖泊。俄资源总储量的80%分布在亚洲部分。其特点是种类多，储量大，自给程度高。

据俄罗斯新能源战略评估，俄罗斯集中了世界天然气储量的1/3，石油储量的1/7。俄能源资源探明储量仅次于占世界首位的沙特阿拉伯，居世界第二位。现已探明石油储量102亿吨，占世界探明储量的13%；天然气储量48万亿立方米，占世界探明储量35%，居世界第一位。另据俄罗斯报摘网站2014年2月19日报道，近日俄罗斯自然资源和生态部部长谢尔盖·东斯科伊宣布，一旦非常规石油资源储量在国家资产平衡中得到确认，俄罗斯的石油储量将排名世界首位。据悉，2013年1月1日俄罗斯以800亿桶的石油储备占世界第8位，而在综合统计碳氢化合物储量后，俄罗斯石油储量排名就升至第3位。

与此同时，苏联时代布局广泛、系统配套的能源工业基础，使俄罗斯具有强大的能源开采、加工、运输、储存能力；就石油开采而言，俄罗斯依然处于世界领先地位，在原油产量方面，俄罗斯是继沙特阿拉伯后的世界第二大原油生产国。丰富的能源资源，较完备的能源基础设施，居高不下的国际油气价格，为俄自身的发展和成为世界上最大的能源供应基地提供了坚实的物质技术基础，成为推动俄经济增长的主要因素。

俄罗斯石油资源丰富，在世界石油格局中举足轻重。俄罗斯石油出口以面向欧洲为主，但亚太地区等其他出口市场对俄罗斯的重要性正在提升。为克服石油出口中的障碍性因素，进一步挖掘石油出口潜力，俄罗斯将重点建设石油输送管道，并根据国际国内政治、经济形势的变化不断调控石油输出方向，以期达到最佳政治、经济效果。

中国与中亚及俄罗斯的油气合作现状

中国周边的俄罗斯及中亚国家蕴藏着丰富的油气资源，这对缓解中国能源紧张、促进经济社会可持续发展是一个有利条件。俄罗斯和中亚国家在能源资源方面具有很强的提供能力，又与中国接壤，无论是从扩大中国的海外油气进口来源来说，还有从中国进口能源的多元化战略来说，这些国家都是中国未来能源需求最重要而又最现实的供应方。从石油进口安全角度出发，与俄罗斯及中亚国家能源合作，有利中国突破能源运输瓶颈。为此，中国应积极利用地缘优势，开拓俄罗斯及中亚国家的能源市场，建立与俄罗斯与中亚国家交流的长效机制，保障能源长期供给安全。

目前，中俄两国已签署了建设和使用俄罗斯东西伯利亚—太平洋石油管道中国支线的协定，即专门修建一条从俄罗斯东西伯利亚通往中国的管道。这项合作不仅带动了两国石油贸易，也带动了石油加工上下游合作。中俄发展天然气领域的合作潜力巨大，两国赞同发展天然气能源领域的合作并提出了一些合作项目意向。俄罗斯已经制定了开拓包括中国在内的东北亚天然气市场的规划。目前，中俄提出的天然气能源领域的合作项目，除从俄科维克塔修建通往中国和韩国的天然气管道之外，还提出了从俄修建通过蒙古和通过哈萨克斯坦到中国的天然气管道的设想，以及萨哈林（库页岛）大陆架进入亚太市场的油气管道方案等。

近年来，中国与中亚在能源方面的合作也取得了长足的进展。西起哈萨克斯坦阿塔苏镇、东至中国新疆阿拉山口的中哈原油管道工程二期工程已于2005年底建成，2007年已向中国独山子石化供油接近500万吨。2009年12月14日，“中亚—中国天然气管道”成功实现通气。中亚—中国天然气管道起始于土库曼斯坦与乌兹别克斯坦边境，经乌兹别克斯坦、哈萨克斯坦到达中国新疆的霍尔果斯。管道分A、B双线铺设，单线长1833公里，A线实现通气。2010年10月26日，与之并行的B线亦投产，实现双线通气。年设计输气量为300亿立方米，境内与中国西气东输二线管道相连，可保证长三角、珠三角等沿线4亿人口的生活燃料供应，最远可至香港。来自中石油的信息显示，截至2012年末，中哈管道输送原油已累计突破5000万吨，哈萨克斯坦也将成为中国第八大原油进口国。哈萨克斯坦纳扎尔巴耶夫总统表示："地理上和经济上将四国连接到一起，在相当短时间内建成并投入使用的天然气管道，是保障能源安全、通过不同路线将中亚能源出口到国际市场的一个成功合作范例。"土库曼斯坦作为中亚天然气储量最丰富的国家，2008年8月再次与中国签署框架协议。按照该协议，土库曼斯坦每年将向中国出售400亿立方米的天然气，多于此前约定的300亿立方米，几乎是西气东输管道目前年输气量的两倍。通过这一系列的合作，中国在未来30年内的天然气供应将进一步获得保障。

与中亚及俄罗斯油气合作的主要障碍

中国在与俄罗斯及中亚的能源合作中取得了一定的进展，然而，正如历史经验表明的，能源作为特殊商品，生产与销售从来不是单纯的经济关系，它始终会受到各种国际关系以及国内因素的影响，其中尤以大国关系的影响最为重要。目前，影响国际能源合作的因素很多，但就中俄及中亚能源合作来讲，当前面临的最主要障碍是来自美国、日本及其他大国的竞争。在俄罗斯及中亚地区，几个主要大国的博弈在很大程度上会影响俄罗斯及中亚各国的对外政策，从而会影响中国与俄罗斯及中亚国家的能源合作。中国与俄罗斯及中亚能源合作面临的主要障碍有以下几个方面：

1. 美国

美国作为世界上最大的能源生产、消费及进口国，其消费的原油主要来自中东地区。为了减轻对欧佩克国家的石油依赖，另外面对俄罗斯及中亚国家石油产量的增长势头，使美国选择了加强与俄罗斯及中亚国家能源合作的策略，并希望俄罗斯及中亚国家的石油能够成为中东石油的战略性替代品。在俄罗斯转轨期间所实行积极引资的条件下，美国的公司不断挺进俄罗斯参加大型能源项目的角逐。2006年美国《丝绸之路战略法案》对1999年的法案作了一定的修订，再一次肯定了美国在中亚和高加索地区追求的能源、安全与民主这三个方面的内容。该法案规定，美国将支持该地区的“基础设施发展——这是美国援助中亚及南高加索地区的能源和能源运输、通信、交通、卫生和公共服务，以帮助发展基础设施的政策”。具体目标包括：防止任何其他国家在中亚和南高加索建立对能源开采及其出口的垄断；加强中亚和南高加索国家广泛的能源生产和能源输送贸易关系，促进里海能源出口的多元化，以保证美国和其他发达国家和发展中国家消费者的能源安全。在地区安全方面，美国拟定的具体目标包括：有效应对高加索地区的冲突，维持与各国之间的友好关系，促进阿富汗局势的稳定；防止大规模杀伤性武器的扩散和打击非法毒品走私等。

2009年10月，美外交官莫宁斯塔表示，美国寻求加强与俄罗斯在里海和黑海地区的能源合作，包括在这一地区建造新天然气管道路线。此前，俄石油天然气工业股份公司已经与谢夫隆—德士古、康菲和埃克森—美孚等美国石油公司签署合作备忘录。根据合作备忘录，美国公司将参与俄罗斯液化天然气生产。俄石油业在积极吸引美国公司参加大型能源项目的同时，也开始向美国能源行业投资。同时，在对中亚里海地区石油资源的争夺上，美国许多大公司凭借资金、技术和人才优势抢占了中亚许多油气田的开采权，如在参与里海油气资源开发的跨国石油巨头中，以美国加州联合石油公司、美国埃克森美孚、美国雪佛龙—德士古等老牌石油跨国集团最为活跃。目前美国各大公司掌控了中亚地区75%的新开发和待开发的油气区块，美国已成为该地区能源领域最大投资者，共投资30亿美元。其中在哈萨克斯坦、阿塞拜疆等国的外资中占30%～40%。因此，中国在与俄罗斯及中亚能源合作中，面临着美国这样一个强有力的竞争对手，这无疑成为中俄及中亚能源合作的一大障碍。

2. 欧盟

欧盟作为一个大的石油消费地区，对石油的依赖程度较高，约有一半的能源需要进口（欧盟石油进口中的45%来自欧佩克国家）。早在20世纪80年代中期，欧盟（原称欧共体）就对中亚这几个苏联加盟共和国表示了强烈的兴趣，中亚国家拥有重要的战略地理位置、巨大的科技和工业潜能以及丰富的矿产、油气资源，但它们的国家政体与文化形态既不完全属于欧洲，也不完全属于亚洲。欧盟希望更多地了解这些国家的政治、经济、文化和宗教，因而在1986年与乌兹别克斯坦签署“伙伴合作协议”。

前苏联解体后欧盟在原“伙伴合作协议”的基础上又与其他中亚国家签订双边的“伙伴合作协议”，主要目的是在向中亚提供经济和技术援助的同时，推行欧盟的人权、民主等西方理念和制度，促使其政府将其法律和经济政策同欧盟接轨。据欧洲国家媒体报道，在欧盟制定其中亚政策的时候，有一个问题似乎值得讨论，即欧盟中亚新战略中的首要议题是什么?是要求中亚国家政府在人权和民主进程中取得进展，还是能源安全抑或是地缘政治利益更为重要?欧盟希望加强和中亚的战略联盟，是因为他们同时感受到了其他大国对这块天然气能源重地的虎视眈眈。特别是由于土库曼斯坦和乌兹别克斯坦具有丰富的天然气蕴藏，欧盟希望中亚能够成为天然气输出的“始发站”。

《欧盟中亚战略》指出，在2007—2013年，对中亚国家提供总额达7.5亿欧元的援助，其中大量的投入就是为打造一条绕过俄罗斯的里海油气管道。近年来欧盟与美国大力鼓动土库曼斯坦另建一条号称“和平”的输气管道，从海底直接横越里海，行经阿塞拜疆与格鲁吉亚，最后从土耳其出海，完全不经过俄罗斯。欧盟的政治和商业部门一直担心北海石油和天然气储备会逐渐枯竭，欧盟的能源政策也明显向俄罗斯及中亚地区倾斜，欧盟与俄罗斯及中亚在能源领域商定了一系列大型项目。这都表明了欧盟与俄罗斯及中亚的能源合作领域正在积极扩展，也意味着中俄及中亚能源合作面临着欧盟的强烈竞争。

3. 日本

日本是一个工业发达而油气资源极端匮乏的经济大国，所需原油几乎全部依赖进口，进口依存度达到99.7%。目前日本的石油供应90%集中在中东地区，易受中东局势的影响。为使进口来源多元化，日本于2006年3月出台了《新国家能源战略》大纲，指出要积极开展能源外交。它通过投资能源项目、开展经济合作、提供政府援助等手段，努力加强与中东、俄罗斯、中亚、非洲及拉美等地能源供给国的关系。2004年日本启动“中亚—日本”外长会谈机制，以此“先促进中亚地区区域合作及民主化进程”，然后构建稳定的能源通道获取能源，最终排挤中国在该地区的影响力。

据悉，“中亚＋日本”对话机制是由日本前外相川口顺子2004年访问中亚时提出的，首次“中亚＋日本”外长会议也于当年举行。2006年6月，第二届“中亚＋日本”外长会议在日本举行，当时日本提出向中亚四国提供最近距离的能源出海口计划，其核心是日本出资帮助四国修建从阿富汗到巴基斯坦的铁路，以使中亚四国获得印度洋的出海口，从而通过海运将能源输往日本。从天然气输出能力来看，中亚天然气出口目前还有余量。而里海石油目前主要输往欧洲和中国。未来可能性较大的是，日本可以通过“换油”的方法来实现获取中亚油气资源的目标，即日本首先将所获取的中亚地区的油气资源卖给伊朗，然后从伊朗获取相关数量的油气资源，从波斯湾运出。

2009年，中俄双方签署了一揽子能源协议，其中根据“石油换贷款”协定，中国在2011—2030年将从俄罗斯进口3亿吨石油，作为交换，俄罗斯石油公司和俄罗斯石油管道运输公司从中国国家开发银行分别获得150亿美元和100亿美元贷款。但是由于价格因素中俄双方在此问题上发生了纠纷，多次谈判进入僵局。与此同时，俄罗斯把大量石油的开采权由中国转移给日本。因此，日本与中国围绕俄罗斯及中亚能源合作也面临着诸多的竞争。

4. 印度

近年来印度经济发展迅速，能源需求急剧扩大。由于印度是一个贫油国，为了确保能源安全，缓解巨大的能源需求，印度已经在国内采取保护性开采措施并制定了一个全面拓展海外能源来源的计划。近年来，印度除了与中东寻求合作外，也在积极寻求与俄罗斯及中亚国家的能源合作。用俄罗斯媒体的话说，“印度对于俄罗斯石油市场上的任何风吹草动都不放过，而且对于几乎所有的俄罗斯油气项目都表示出极大的兴趣。”印度《金融快报》2014年1月15日报道，一位印度外交部高级官员近日称，印度正与俄罗斯协商修建一条连接两国的石油管道，以实现印度从俄罗斯采购管道石油的计划。据印度外交部欧亚司联秘AjayBisaria表示，实际上印俄双方在2013年10月印总理辛格访俄期间已充分讨论过这一项目。该项目计划从俄罗斯修建管道经哈萨克斯坦至乌兹别克斯坦，然后再在目前正拟建的塔吉克斯坦—阿富汗—巴基斯坦—印度（TAPI）天然气线路（TAPI线计划在2017年建成）的基础上修建平行的石油管道。此项目计划总投资额可能达到300亿美元。这一项目的实施，将建成最长的陆上能源走廊。同时，印度、伊朗正在将伊朗的昌巴哈尔港建成中亚能源输出港。中印两个能源进口大国有着共同的能源需求，因而在与俄罗斯及中亚国家积极开展能源合作的过程中必将产生竞争。

综上所述，大国在俄罗斯及中亚国家油气资源的竞争中，各种力量汇集，矛盾交织，目的只有一个——获得这里的能源。这场竞争既是有关国家经济利益之争，也是控制与反控制之争。毋庸置疑，这场世界性的竞争不仅对俄罗斯及中亚国家产生深远的影响，而且还将影响该地区国家与周边国家的国际性力量关系，同时对欧亚大陆的地缘政治和世界经济的发展产生不小的冲击，尤其是对中国开展与俄罗斯及中亚国家能源合作带来更复杂的局面。中国必须学会在竞争中合作，在合作中竞争，以保证中国能源的安全。

与俄罗斯及中亚国家油气合作的对策

加强中俄及中亚政府间的沟通与协商，制定切实可行的长期合作战略。中国应充分利用与俄罗斯及中亚国家首脑和总理的会晤机制、各委员会会议机制，协调解决与俄罗斯及中亚能源开发合作中的各种难点问题，寻找进行资源开发合作的项目。建议在俄罗斯及中亚国家设立政府常驻商务办事处，作为国内企业的立足点和联络点。随着中国与俄罗斯及中亚能源合作的扩大，必然要求形成双边双赢的局面，这就要求中国与俄罗斯及中亚国家政府相互协商，共同制定中国与俄罗斯及中亚国家能源合作的长期战略，从而使中国与俄罗斯及中亚国家能源合作在这种战略的指导下，有条不紊地向前推进。另外，这也要求中国加强对俄罗斯及中亚国家投资的宏观环境与微观环境的跟踪监测，包括对俄罗斯及中亚国家整体战略调整、具体经济政策法规以及国际因素对俄罗斯及中亚国家能源战略走向的影响等情况都应全面详尽地了解，从而为制定长期的合作战略提供依据。

以上海合作组织为基础，推动成员国之间的经济合作特别是能源合作。哈萨克斯坦、中国、吉尔吉斯斯坦、俄罗斯、塔吉克斯坦、乌兹别克斯坦都是上海合作组织成员国，中国可以以上海合作组织为依托，进一步加强成员国之间的能源合作，为中国能源安全取得可靠的保障。同时，在上合组织既有框架内，积极支持筹建组织框架内的能源俱乐部，打造新的“亚洲能源战略”，平衡各国能源利益，落实元首会议确定的“多方参与、共同受益”的目标。未来中国将与上海合作组织各成员国一道，坚持“上海精神”，加强多边协同，增强本组织抵御现实威胁的能力，构建和谐地区，推动实现区域经济一体化，并与欧亚同盟成员国一道，将上合组织建设成为机制完善、缔造开放和谐的欧亚政治经济空间的载体，合力推进中吉乌铁路建设，把能源交通基础设施建设作为丝绸之路经济带的基石。使得中国东部与西部、中国与中亚诸国贯通起来互惠互利、共同发展。以经济能源合作为契机，使上合组织在俄罗斯及中亚经济社会事务中起到主导作用，最终实现维护中国在俄罗斯及中亚地区的能源和经济利益目标。

积极参与俄罗斯及中亚能源开发合作，实现合作形式的多样化。政府要积极推动大型相关企业参与俄罗斯及中亚能源开发合作，采取优惠政策，鼓励推动中国各大型企业积极参与与俄罗斯及中亚国家的油气合作、油气田的开发、石油管道铺设的合作等。一是要积极参与中俄及中亚的油气合作。应该说，单纯的油气供求关系，或者贸易上的高度互补性，都不足以保证俄罗斯及中亚的产油国在任何情况下都会把油气卖给中国。只有在油气勘探、生产、提炼以及相关的油气化等领域的全面合作，才能使中俄及中亚油气供应的安全维持在较高的水平上。二是要积极参与中俄及中亚油田的勘探开发，这不仅可以在俄罗斯及中亚建立起一批海外油气供应基地，以“份额油”的方式运回国内，增强抵御风险的能力，平衡国际收支，还可以对国内油气资源起到储备和保护作用。三是将在俄罗斯及中亚各国能源深加工领域的投资作为合作的一项重要内容，这既有利于俄罗斯及中亚各国的经济发展，也有利于中国能源企业发挥优势，树立与俄罗斯及中亚各国真诚合作互助的形象，有利于与俄罗斯及中亚各国在能源领域开展更加深入的合作。同时，中国在与俄罗斯及中亚能源合作中，除积极获取权益资源外，还可以采取互换能源股份、允许资源国以资源入股中国企业等方式，以规避潜在的国有化风险，提高中国能源的安全。

与东亚能源短缺国家建立新的合作关系。东亚地区是仅次于北美、西欧的第三大能源市场，各国间因能源引发的矛盾也时有发生。中国作为一个发展中的大国与俄罗斯及中亚各国是邻居，要充分利用中国的地缘优势和经济发展优势，联合东亚各国共同开拓俄罗斯及中亚能源市场。东亚地区可借鉴北美和欧洲能源合作经验，建立东亚能源合作的“能源共同体”，组建石油购买联盟，在能源运输上互相提供便利，降低运送费用。在中亚、里海油气资源开发上通力合作，以中国“西气东输”管线为载体，有效利用大陆管线油气输送优势，为东亚提供安全稳定的中亚油气运输。

与中亚国家合作复兴丝绸之路，建设丝绸之路经济带，确立能源新丝路世界新坐标。中亚至中国的原油管道、天然气管道贯通之后，中国已经彻底改变了中亚的油气供应格局。俄罗斯不再一家独大，中亚地区也已经初步实现了其油气出口多元化的战略。中国与中亚全面而深入的能源合作，也确实刺激了俄罗斯。在2013年，俄罗斯最终与中国签署了《俄罗斯通过东线管道向中国供应天然气的框架协议》，业界认为，双方谈判十余年的天然气管道现在开始进入实质阶段，更让人惊喜的是，之前中俄两国一直就天然气价格问题陷入谈判僵持的状态，目前俄罗斯方面，似乎也有所动摇。假如中俄天然气购销合同能够顺利尽早签订，中国将会再添一条天然气进口大动脉。通过能源纽带，促进中亚各国的经济发展，从而加深中国与中亚各国的战略合作伙伴关系，进而为推动政治经济领域的全面合作奠定良好基础。

以中亚为枢纽的欧亚大通道是古代丝绸之路的重现，促进和谐地区目标的实现。经济合作，交通先行。2011年12月，中哈第二条铁路对接成功，为两国经贸合作奠定了更加坚实的基础。上合组织签署《国际道路运输便利化协定》，推动区域交通便利化，诸如中吉乌铁路、“欧洲西部—中国西部”公路等项目的逐步实施。

中国新疆边境线长5600余公里，与8国接壤，是地处亚欧大陆桥中国连接里海—波斯湾—俄罗斯西伯利亚全球性能源区的战略枢纽支点，是中国能源资源陆上安全通道的咽喉，西接中亚—俄罗斯欧亚经济共同体经济圈，西南连接南亚—中东世界油库，东联亚太经济圈。新疆是我对外开放的重要门户、西部战略屏障和反恐前沿，是中国实施西部大开发的战略纵深区，是中国战略矿产资源的重要基地。新疆的发展和稳定，关系全国改革发展稳定大局、民族团结、国家安全及中华民族伟大复兴。

中国应充分利用上海合作组织和新组建的能源俱乐部、中亚区域经济合作机制、政府间经贸混委会机制等区域或双边合作机制，推进双边或区域多边贸易自由化的进程，协调制定成员国能源资源战略构想。加强同周边国家进行以能源资源互补为主的深层次合作，增强石油、天然气等能源资源及铁、铜、镍、铝、磷矿等矿产资源的进口安全，使新疆成为中国进口能源和紧缺矿产资源的大通道及向西开放的平台和桥头堡。同时，还要持续加快西部大开放的步伐，把新疆打造成对中亚、南亚和中东开放以及人民币国际化的桥头堡，打造边境口岸国际商业中心城市，优化外贸国际新兴市场和国内区域布局，扩大中西部地区对外开放，推动边境省区发展与周边国家的经贸合作。

本章结语

中国周边的中亚及俄罗斯国家蕴藏着丰富的油气资源，这对缓解中国能源紧张、促进经济社会可持续发展是一个有利条件。为此，中国应积极利用地缘优势，开拓俄罗斯及中亚国家的能源市场，建立与俄罗斯与中亚国家交流的长效机制，保障能源长期供给安全。中亚地区已成为中国发展与周边区域能源合作的典范，为未来打造中亚—俄罗斯能源合作示范区奠定了坚实基础。当前，美国积极推动中东民主化改造，遏制伊朗崛起，控制海上通道，全球能源供给和运输风险上升，中国—中亚陆路油气走廊及未来中国—俄罗斯气管线的战略性凸显。

2013年9月7日习近平主席在哈萨克斯坦纳扎尔巴耶夫大学发表演讲时提出了“丝绸之路经济带”的构想。这一伟大构想将联动亚欧涵盖30亿人口的巨大市场，开辟从波罗的海到太平洋、从中亚到印度洋和波斯湾的交通运输走廊，使得亚欧大陆经济“共振”，将重新开启阻滞多年的亚欧经济交通大动脉，实现各国互联互通，重写亚欧经济与地缘政治新版图。中国作为中亚国家的陆上近邻，也应当把中亚管道油气作为本国能源进口的重要来源，稳步推进中国—中亚天然气管道、中哈石油管道项目，搞好中国—中亚陆路油气走廊及未来中国—俄罗斯气管线项目。

第8章

走进“能源非洲”的中国谋略

非洲是除中东之外能源储藏量最为丰富的地区。非洲是世界八大产油区之一，也是中国第二大油气来源地。西方石油公司进入非洲油气领域具有70多年的历史，西方石油公司在非洲从事油气生产长达50多年。西方公司的投资合作除了从非洲攫取大量的资源财富外，并没有使非洲资源国走出“资源诅咒”的怪圈。纵观西方石油公司在非洲油气领域的投资过程，面对非洲过去难以持续的发展方式，要稳定地、可持续地获得非洲能源资源，不仅需要有稳定的、可持续的非洲能源来源，还需要中国加强对非政策，尤其是能源政策方面的协调。

“如梦如幻如鬼魅似的海市蜃楼，迎面如雨似的狂风沙暴，焦裂的大地。向天空伸长着手臂呼唤嘶叫的仙人掌，千万年前枯干了的河床，黑色的山峦，深蓝到冻住了的长空，满布乱石的荒野……”这是三毛在《撒哈拉的故事》中对西非大陆的描写。如今，这片土地对中国人散发出新的诱惑气息。

作为一个“能源大陆”，非洲是世界八大产油区之一，石油资源量410.6亿吨，占世界石油资源总量的8.1%；天然气资源量31万亿立方米，占世界天然气资源总量的6.3%。近年来中国有超过30%的进口石油来自非洲，是中国极为重要的油气来源地。由于深水勘探技术的运用和几内亚湾地区新油田的发现，非洲地区的石油储量和产量不断增加，在全球能源供应格局中的地位也大幅度提升。“东非”、“石油产业”、“多元化竞争”等都是非洲油气资源格局的关键词，同时也是趋势。

非洲概况

非洲地处东半球的西南部，横跨赤道南北，西临大西洋，东濒印度洋，北隔地中海与直布罗陀海峡及欧洲相望，东北通过狭长的红海和苏伊士运河与亚洲相邻。非洲面积约占全世界陆地总面积的20.2%，仅次于亚洲，为世界第二大洲；沙漠面积约占总面积的1/3，居世界第一位。地理上习惯将非洲分为北非、东非、西非、中非和南非5个地区。

非洲国家数量众多，各国政治状况存在较大的差别，近年来，非洲国家政治和安全形势出现了一些新的特点：首先是民主意识不断增强，通过民选维持或更替政权在非洲已渐普遍。但是，非洲地区各国国内矛盾依然尖锐，局部冲突和危机仍旧存在，个别国家甚至出现动荡。尽管存在着曲折与反复，但近年来非洲国家十分重视依靠集体力量解决冲突、化解危机，充分发挥本地区组织特别是非盟的领导作用，和平与发展在非洲已成为主要的发展趋势。

进入21世纪，非洲国家经济出现稳定增长。尤其是近年来，非洲国家充分利用自身优势，积极扩大对外开放，加强本地区国与国之间的协作，争取国际援助与合作，经济发展态势良好。“非盟”在推动非洲国家经济发展中发挥了重要作用。首先，非洲经济有望继续保持增长；其次，“非盟”为非洲经济发展创造了更加有利的国际经济环境：在“非盟”领导下，非洲的发展在国际上日益得到重视，各大国纷纷召开非洲峰会，提出援助非洲的计划，为非洲各国提供有利的国际经济环境；第三，非洲各国继续以“非洲发展新伙伴计划”和《非盟2004—2007年战略框架》为基础，加强各国在资本、人员、基础设施等方面的合作。同时，通过大规模的港口、铁路、公路等设施的改造和建设，引入更多的外资和外援，带动非洲经济的整体发展，进一步推动非洲一体化进程。

尽管非洲的油气勘探开发热点地区由于领土问题、能源过境问题而引发的局部冲突仍时有发生，但是，石油领域的国际合作正在深化，随着外国石油公司投资增加和勘探开发技术的进步，非洲的油气勘探开发活动日益活跃，实现了海陆并举的良好局面，尤其是在乌干达、加纳、肯尼亚、坦桑尼亚和莫桑比克等国家的新发现，为非洲带来了新的油气资源格局。中国应当重视中非经贸关系，重视非洲油气资源，研究非洲油气地缘格局变化对中国的影响。

非洲油气资源诱人

近年来，由于深海勘探技术的运用和西非几内亚湾地区新油田的发现，石油及天然气探明储量不断增加，对世界能源格局的影响日渐上升。加之政治经济形势的改善，非洲油气资源潜力开始显现，已成为大国争夺的重要目标。

从地质条件看，非洲是冈瓦纳古陆的核心，共有80多个沉积盆地，占非洲总面积的一半，不仅盆地类型众多，包括克拉通盆地、边缘盆地、裂谷盆地和三角洲盆地等，而且拥有从古生代到新生代在内的各种油气生成聚集的层位。在地理分布上，油气资源最富集的盆地是北非的克拉通盆地、苏伊士裂谷盆地和西非尼日尔三角洲盆地。

值得注意的是，非洲石油资源有1/3分布在大陆近海，其中约有3/4聚集在西非的几内亚湾，特别是从尼日利亚到安哥拉一带近海海域。近十年来由于深海勘探技术的应用，在几内亚湾发现了大量新油田，非洲石油储量还会有很大增长，非洲已探明石油储量增加了近30%，几乎是世界平均增长水平的一倍。尤其是几内亚湾，被国际能源界视为最具发展潜力的油气储藏带。2010年全球新增探明石油储量为80亿桶，其中70亿桶是来自非洲的几内亚湾。这里石油资源主要为陆地、近海、深海和超深海4种类型，目前主要是部分海上开发。其石油多为浅层石油，且大多属于低硫类、高品质石油，开发及提炼成本相对较低。非洲有望成为又一个波斯湾。

非洲地区不仅有丰富的、已发现尚未开采的油气资源，同时还具备发现世界级新油田的巨大潜力。据分析，未来5年世界石油产量增幅的1/4将来自非洲。非洲石油含硫量低、油质好、开采成本较低，投资回报率较高。非洲地区特别是几内亚湾油气资源的勘探和开发不仅对21世纪非洲社会经济带来史无前例的发展机遇，而且会在相当程度上改变世界能源市场格局。非洲共有20个产油国，其中尼日利亚、阿尔及利亚、安哥拉、埃及和利比亚5国的产量约占非洲石油总产量的85%。赤道几内亚、苏丹和乍得正成为新崛起的石油生产国。预计到2020年，非洲的石油产量将占世界总产量的15%左右；占世界石油探明储量11%的非洲石油开发潜力很大，世界和非洲均有望受益于非洲油气资源的开发。下面从非洲主要产油国来考察非洲油气开发新趋势。

利比亚：资源丰富加快开发

利比亚石油探明储量437万桶，其中80%分布在锡尔特盆地。利比亚在老油田和边远地区均加快开发步伐。

利比亚与外商签订的产量分成协议，以前外商分成上限为49%，最近下调至20%。由于基础设施落后等原因，近来流入利比亚的外资增幅有限。

目前利比亚石油日产量188万桶，通过提高石油采收率等手段，预计到2013年石油日产量将达到230万桶。利比亚石油日消费量27.3万桶，所产原油大部分出口，日出口量对意大利52.3万桶，对德国21万桶，对西班牙10.4万桶，对法国13.7万桶，对美国10.2万桶。

利比亚有5个炼油厂，日炼油能力37.8万桶。利比亚正在进行炼油产业技术升级，以提高汽油产量。2009年利比亚国家石油公司与阿联酋企业签订合同，准备将拉斯拉努夫（Ras Lanuf）炼油厂的日炼油能力从22万桶增至24万桶。

在石油领域的对外投资方面，利比亚企业已参股意大利埃尼公司，并已介入德国、瑞士、埃及石油产品的生产和销售。利比亚企业目前正在塞浦路斯、乌克兰和非洲探寻投资机会。

埃及：炼油能力非洲第一

埃及石油探明储量37亿桶，日产量66万桶。近年发现的塞加拉油田，估算储量8000万桶，日产量4万桶。埃及上一财年对石油产品提供的补贴高达627亿埃磅，促使埃及石油消费不断攀升。

埃及有苏伊士湾、西部沙漠、东部沙漠、西奈半岛四大产油区，苏伊士湾石油产量占埃及总产量的一半。埃尼、BP等石油公司通过与埃及石油总公司签订产量分成协议，涉足埃及石油上游领域。BP参与了苏伊士湾的石油开采，并正在苏伊士湾及附近的伯拉伊姆油田通过提高石油采收率挖掘增产潜力。

西部沙漠产油量目前占埃及石油总产量的27%，阿吉普公司与埃及石油总公司合资在西部沙漠古泰拉凹陷进行石油开发。

埃及炼油能力居非洲第一，共有9个炼油厂，日炼油能力72.6万桶，最大的炼油厂在苏伊士城，日炼油能力14.6万桶。埃及准备与沙特阿拉伯、科威特合资在苏伊士运河附近建一座日炼油能力50万桶的炼油厂，埃及还计划在红海之滨的艾因苏克那建一座日炼油能力13万桶的炼油厂。

苏丹：出口主要面向亚洲

苏丹探明石油储量50亿桶，主要分布在穆格莱德盆地和迈卢特盆地，石油日产量48万桶。

苏丹日消费原油8.6万桶，所产原油大部分出口亚洲，其中对日本日出口10.2万桶，对印度尼西亚4.3万桶。苏丹日炼油能力12.17万桶，马来西亚国家石油公司将在苏丹港建一座新炼油厂。

南非：发展炼油减少依赖

南非探明石油储量1500万桶，主要分布在西部沿海，日产原油1.6万桶，其中布雷达斯多普盆地日产原油1.1万桶。

南非大部分进口原油来自伊朗、沙特阿拉伯，也有少量从尼日利亚、安哥拉进口。南非石油天然气公司负责颁发石油天然气勘探许可证，壳牌、加德士、BHP、道达尔菲那埃尔夫等公司参与了南非石油勘探。

南非日炼油能力48.5万桶，油品以内销为主，炼油厂分布在德班、开普敦等地。BP、壳牌、雪佛龙、道达尔等公司均介入了南非石油下游市场。南非石油天然气公司正考虑在伊丽莎白港建一座炼油厂，设计日炼油能力40万桶，计划投资110亿美元，于2015年完工。该炼油厂有助于南非减少对进口成品油的依赖。

新的竞技场：群雄逐鹿非洲油气资源

随着世界经济的发展，原有的能源体系已难以支撑庞大的能源消耗。丰富的非洲资源进入国际能源巨头的视野。非洲石油大多投资回报率高，国际石油公司纷纷与非洲国家在石油资源开发方面展开密切合作。欧美石油公司不断加大对非洲石油开发的投入；非洲本土石油公司、亚洲和南美洲新兴国家石油公司亦不断介入非洲石油领域，非洲油气资源领域的群雄逐鹿的局面已经形成。

非洲是全球勘探程度较低的地区，油气风险勘探主要依靠外国公司，目前有400多家外国公司在非洲持有勘探合同区块面积，外国公司持有的勘探区块面积占非洲合同区块面积的近80%。对非洲的新一轮争夺又在上演，这片大陆不再仅仅是美国、法国、英国等欧美大国进行战略和地缘政治角逐的生死竞技场，中国、印度、马来西亚、巴西等新兴国家正在加入竞争的行列，越南也开始进入非洲市场。

据报道，2010年12月，印度向非洲大陆派遣了两个高级代表团，石油部长迪奥拉率领一个由能源高管组成的代表团访问苏丹、尼日利亚、安哥拉和乌干达。印度与尼日利亚签署价值达3.59亿美元的投资协议，与安哥拉签署联合开采和冶炼工程协议，这被看作是将来签署更大协议的前奏。而在苏丹石油市场上，活跃着35家国外石油大公司。大尼罗石油作业公司（GNPOC）负责1、2、4区的勘探开发及铺设苏丹境内的主要石油管道；3、7区由苏丹PDOC负责；6区由中石油（CNPC）独资开发，苏丹国家石油公司享有5%的股份。

在尼日利亚，与壳牌等公司在此地长达半个世纪的石油开采历程相比，中国在尼日利亚的能源合作其实是刚刚起步。中国国际问题研究所研究员汪巍说，在尼日利亚，好的区块大部分都是欧美石油公司控制着的。中国石油公司比西方石油公司晚进入几十年，目前主要进行的是一些勘探条件艰苦、油产量不会大幅增长的边际油田的开发。

本土化倾向：非洲油气开发新动向

与中国一样，在过去的20年间，非洲迎来了快速发展的新时期。在非洲一些地理位置相对优越的城市，部落色彩逐渐淡化，社区概念正在兴起，中产阶层逐渐形成。不过在另一些国家，贫穷、落后在一些偏远地区依然存在。非洲已经迈入新时代，它具备两个基本特征：民族意识的觉醒，民主观念的萌芽。反映到能源领域，就是当地政府对资源的控制力不断强化，地方国有能源公司不断兴起。非洲油气开发有了本土化的新动向。

国际社会对非洲能源的竞相追逐构成了非洲石油开发本土化倾向形成的外在条件。当然，外因总是要通过内因起作用。非洲国家政治与社会的嬗变，是非洲石油资源开发本土化倾向形成的内在条件。首先，非洲石油资源国执政当局是非洲油气资源开发本土化战略形成的重要推动因素。非洲能源在国际能源结构中地位的提升，为非洲政府获取更多收入提供了新的机会，石油工业已成为非洲产油国的经济命脉。伴随着非洲石油资源逐渐被重视，非洲各国政府因非洲民众和政治反对派的声音，增加与国际石油公司谈判的筹码。此类存在于产油国政府层面的能源开发本土化倾向，直接反映在国际油气开发合约之中，对非洲能源开发的本土化趋势起着决定性的作用。

其次，非洲石油资源国通过非洲政府间组织强化资源国之间的横向联系，扩大了石油开发本土化战略的影响力。非洲石油生产国协会（APPA）旨在加强非洲产油国之间的沟通与合作，努力实现非洲产油国石油利益最大化并造福于非洲各国民众的目标。近年来，非洲石油生产国协会活动频繁，在成员国之间的石油勘探、生产炼制、技术交流以及成员国之间的市场政策和市场战略协调方面发挥着日益重要的作用。APPA国家的石油产量占非洲国家石油产量的98%，其日产量达到1000万桶，其政策走向对世界能源结构将会产生重要的影响。

第三，石油的大规模开发并未引领非洲国家走出发展困境，是非洲国家石油开发本土化倾向产生的重要原因之一。非洲大多数油气资源国对其石油天然气资源的开发已有数十年的历史。然而，石油资源的开发并未从根本上改变非洲资源国贫穷落后的面貌。作为非洲石油生产大国，尼日利亚的一系列与贫困有关的社会经济问题都无法得到有效解决。尼日尔三角洲的贫民，连基本的饮水都困难，国际石油公司却在那里大发其财。带有依附色彩的经济增长模式非但未能推动非洲经济的可持续发展，反而在一定程度上成为非洲经济整体进步的障碍。这一困境促使非洲社会精英开始思考石油资源开发本土化的可能性。

第四，非洲石油资源开发本土化意识的萌生，与非洲国家的民主化进程密切相关。自20世纪90年代以来，大多数非洲国家摒弃传统政治模式，改行西方多党制议会民主。虽然西式民主在非洲的推行并不顺利，但是非洲政治民主化进程仍然使非洲人民获得了一定程度的政治参与权利。更重要的是西方民主模式的推行，给政治反对力派提供了表达异见的平台。政治反对力量为了争取更多的支持，充分利用非洲发展的困境，攻击执政当局的能源政策无法解决非洲民生问题。他们在民主的形式下，着力渲染能源本土化开发与非洲发展前景之间的联系，加速了非洲油气资源开发本土化倾向的形成。

最后，非洲公民社会组织的发展，是推动非洲能源开发本土化倾向形成的重要原因。近年来，非洲公民社会组织发展迅速，它们对非洲国家的政治与社会的影响日渐明显。一方面，公民社会组织利用其在国际上的活动能力，将非洲在其石油资源开发进程中忽视非洲民众权益的行为迅速置于国际社会的关注之中，对非洲相关政府的施政构成国际压力。另一方面，非洲公民社会组织采用自下而上与自上而下相结合的方式，关注非洲贫困状况与非洲能源禀赋之间的联系，利用非洲石油资源国社区和政治反对派的力量对政府施压，从而强化了非洲能源服务非洲的理念。

非洲石油开发本土化倾向，与非洲油气资源本身的价值具有不可分割的联系，而国际社会对非洲油气资源的强烈需求推动了这一倾向的发展，非洲国家本身的政治与社会发展亦是推动其本土化发展的基本动力。然而，这一切皆是非洲国家强调自身国家利益至上要求的必然结果。非洲国家要求更多的利益，自然会影响到与其合作的外国石油公司的利益。

中非油气贸易现状

非洲，在很多中国人眼里还非常陌生，贫瘠、战乱、疾病等“刻板印象”让它显得非常遥远。但这里又是一片富饶的土地，尤其是丰富的石油资源，已经不容人们再忽视这片大陆了。

据介绍，未来十年，随着墨西哥湾、北海地区石油以及其他现有发展较成熟的石油基地产量的不断下降，会越来越凸显出非洲在生产和储备上的重要性。相对于全球其他主要石油基地，西非地区的油气资源拥有无可比拟的优越性，比如几内亚湾周边的西非国家近年来稳定的政治环境、大规模的探明储量、高品位的原油、低廉的生产成本、有吸引力的国家财政政策和税收环境等。虽然在很多人的观念中，非洲人民是中国人民的老朋友，但是在石油开发中，中国人却是毫无疑问的“迟到者”。

中国与非洲合作的目标是要实现互利互惠。据报道，在西方发达国家的打压遏制下，中国拥有的项目和勘探区域都很少。中国甚至落后于韩国、马来西亚、印度、巴西等国。

目前的现状是，经营非洲多年的西方国家凭借其雄厚的资金实力、先进的勘探开发技术及管理经验、传统的政治影响，在非洲石油资源开发中始终占据主导地位。中国石油公司在非洲石油区块权益方面一直未取得突破性进展。

非洲产油国始终同美欧日等发达国家保持着传统合作关系，中国公司目前还主要局限在服务项目，拥有石油区块投资权益的项目很少，甚至还很难拿到区块勘探权。但总的说来，过去近20年来，中国在非洲获取油气资源的方式是在互利双赢的前提下，以一体化的开发模式来实现的。这种合作方式尊重了非洲资源国的发展利益，以综合一体化的开发方式，将油气资源转变为资源国的国民财富，并在产业链的延伸中逐步增值，达到了双赢互利、共同发展的良好效果。

首先是注重一体化开发。1995年9月中国石油集团应苏丹政府邀请，通过公开招标进入苏丹，拉开了中非油气合作的大幕，从此中非油气合作进入了一个新时代。从1996年到1999年，以中国石油集团为作业者的国际财团帮助苏丹迅速开发油气资源，建立了服务于国内外市场需求的、上中下游一体化的石油工业体系，产生了巨大的政治经济利益。苏丹项目的成功首先在于中国石油集团通过上下游一体化的投资合作方式，使油气资源丰富但始终未能得到有效开发的苏丹人民不仅亲眼看到地下的油气资源如何变为国民财富，石油净进口国如何转变为石油出口国，而且体验和享受到了这一合作方式给苏丹带来的经济利益和给人民带来的巨大实惠。

非洲地区自然资源丰富，但长久以来，丰富的自然资源并未给非洲国家带来应有的经济繁荣和持续发展。根本原因就在于过去的开发方式只注重资源勘探开发和直接出口。而中国石油公司在苏丹的一体化合作方式和实践经验，使苏丹和其他非洲国家直接看到了这种不同于西方公司的做法符合资源国切身利益和诉求，切实体现了双赢互利的效果。因此，这一方式在非洲地区被广泛接受，并产生了巨大的积极影响，也使得中国石油公司在阿尔及利亚、乍得、尼日尔等国家不断扩张系列综合合作。

其次，关注基础设施投资，实现可持续发展。除了一体化作业外，中国公司注重与油气田相关的社会基础设施建设，为资源国可持续发展奠定基础。这是近年来中非油气合作的一个新内容。这一合作内容考虑到，同为发展中国家，中国比西方国家更直接地体会基础设施对于非洲发展的关键作用。中国的石油公司还直接发挥了国有公司的综合优势，能够联合国有银行和其他国有公司，使石油产业与金融等非石油产业紧密结合，推进资源国的基础设施投资。而西方石油公司由于自身体制局限和股东利益最大化的原则，除了资源开发外，难以开展综合一体化的开发，也难以考虑资源国基础设施的投资，特别是市场相对狭小、回报相对低下的管道设施、炼油设施以及电力、水利等配套设施的建设，从而难以将油气资源最大限度地转变为国民财富和社会效益，带动资源国社会经济的全面发展。但是，针对近几年来中非油气合作的新环境，特别是非洲内陆国的需求，还要不断创新中非油气合作的方式。

中非关系发展进行时

2013年，习近平主席出访坦桑尼亚、南非和刚果（布），习近平在访非期间提出了“中非关系发展没有完成时，只有进行时”和“中非是休戚与共的命运共同体”的概念，他还指出：“展望未来，中国发展将给非洲带来前所未有的机遇，非洲发展也将为中国发展带来前所未有的机遇。”

夯实平等互利的务实合作。非洲是中国重要的海外市场、投资目的地和能源供应地，非洲的发展也需要中国的经验、技术、资金和人才，中非共同利益不断增多，中国和非洲发展离不开对方，离不开平等互利的务实合作。在中非合作论坛框架下，各种论坛为推动中非民间关系、加强双方合作发挥了重要作用。2013年1月至9月，中非贸易额已达1560多亿美元，全年有望突破2000亿美元，再创历史新高。同时，中非双方还在投资承包、医疗卫生、科学技术、教育文化等多方面开展合作。

近10年来，中国和非洲的贸易额从2000年的106亿美元，到2011年的1663亿美元，增长了差不多16倍。中国已连续三年成为非洲最大贸易伙伴，这其中，中非能源合作是重要的组成部分。中国能源企业以实施优惠贷款项目、承包工程、相互贸易和投资设厂等多种方式与非洲国家发展能源合作。

加强互利共赢的中非能源合作。“非洲需要中国、中国也需要非洲。”中国和非洲在加快合作上有着共识，并不因为时间的流逝而改变，反而在新世纪到来后变得更加明晰。实现非洲经济的腾飞和繁荣，中非在能源领域的合作无论在现在还是未来都不可或缺。非洲丰富的石油资源是中非能源合作的重要基础。非洲要实现经济发展和物质繁荣，积极合理开发大自然赋予的丰富石油资源是必然选择，而中国不仅可以帮助非洲开发石油，也可以帮助非洲利用石油。中国石油企业以并购、参股、参与基础设施建设等多种方式与非洲开展石油开发合作，出现合作共赢、可持续发展的大好局面。包括苏丹在内，中国从安哥拉、利比亚、阿尔及利亚、刚果（布）、尼日利亚、喀麦隆、加蓬、加纳、赤道几内亚、乍得、埃及、刚果（金）和毛里塔尼亚等多个非洲国家进口原油。2011年全年中国从非洲进口原油5797万吨，占中国进口全部原油25377万吨的23%，有力地支持了中国经济对石油资源的需求。

抵制非议，持续发展能源合作

中非亲密关系引起了西方一些国家“眼红”，英国《经济学家》杂志认为“中美之间能源竞争的地缘轮廓已经开始形成了，在非洲的尼日利亚、喀麦隆、乍得等都进行了较量和围堵”。针对中国在非洲的能源伙伴，美国拟定了一份包括尼日利亚和苏丹等“要对付的黑名单”。美国一些参议员也多次警告，“中国在非洲捞取好处，破坏了产油国和世界石油大集团之间迄今为止达成的均衡，美国政府需要加以遏制从外围石油出口国进入中心石油出口国的任何努力。”他们指责中国在非洲搞掠夺资源，搞“新殖民主义”，竭力阻止中国的油气投资及国际合作项目，力图控制中国油气供应的非洲源头。需要说明的是，作为迅速崛起的全球力量，中国和非洲的经贸合作正在超越美欧世界。西方国家对中非关系的逻辑，不排除传统大国面对新生竞争力量的条件反射性贬低，和其对华忌惮、猜忌等复杂心结的释放。

实际上在近几年，中国从非洲进口原油只占非洲出口的10%左右，而美国每年从非洲进口的原油占非洲出口的30%，欧洲占35%，孰多孰少，一目了然。中非石油贸易是最正常不过的国际贸易。对于西方国家的非议，南非总统祖马指出，西方不应继续就中国亲近非洲发出各种警告，西方企业必须改变针对非洲的“殖民主义风格”举措，否则将在与中国等新兴经济体的企业竞争中败下阵来。

中国处理对外关系时始终遵循不干涉别国内政的原则。中国不接受别国将意识形态、价值观和发展模式强加于中国，也绝不会把自己的意识形态、价值观和发展模式强加于别国特别是非洲国家。因此，中国对非援助不附加政治条件。中国对非援助着眼于改善当地人民民生，受到非洲国家和人民的欢迎。认为中国对非援助不附加任何政治条件不利于非洲良政的观点是不能接受的。

在各方努力下，中非在新能源领域的合作已经出现了不少鼓舞人心的成功案例，中国最大的太阳能板制造商尚德太阳能电力有限公司在南非建设一座容量100千瓦的太阳能工厂，中国水利水电建设集团公司在肯尼亚西部新建一座20兆瓦的水电站等都显示中国与非洲在清洁能源领域开展合作的良好前景。

本着平等互利和共赢的原则与非洲开展能源领域的合作，中国致力于通过合作使非洲的资源优势转化为发展优势，因为非洲石油的79%都是供出口的。同时也立足于帮助非洲建立石油工业体系，增强非洲自主发展能力。同时，有关公司也在积极从事公益事业，帮助当地人民修建医院、公路等基础设施。中非能源合作遵循平等互利原则和国际规则，是公开和透明的，不会影响第三方与非洲的合作。

中非贸易还处于资源、能源合作的贸易阶段，但中非贸易不像西方社会那样将经贸和政治、军事“打包”，而是经贸归经贸，政治归政治。虽然中非关系脱不了利益关系，但中非间的新型合作，较之以往西方国家和非洲的关系，更加注重平等真诚，更加着眼于互利多赢。

中国能源企业需要更清楚地认识正在变化的非洲，走出去的时候提高企业以及企业员工的素质。此外，除了国家能源战略上的安排外，民间自发的交流也很重要。只有建立平等关系上的交往，才会是长久、可持续的。举例来说，近年来，中国除在苏丹成功地进行油气开发，使苏丹从一个石油不能自给的国家一举成为石油出口国，在加蓬、尼日利亚、尼日尔、特别是安哥拉等非洲国家，投资油田开发，成绩显著。2010年上半年，安哥拉向我出口原油2170万吨，首次成为中国第一大原油供应国，为中安双边关系发展注入了新的活力。非洲一位总统这样评价道：“历史上外国人在非洲，都是为掠夺非洲的财富，而中国人相反，是为了帮助我们发展民族经济。”中非石油贸易无可厚非，将持续发展；中非多种形式能源合作方兴未艾，将持续发展；中非新能源开发已经起步，将持续进行。

作为“希望的大陆”、“发展的热土”，非洲已经成为全球经济增长最快的地区之一。非洲有着丰富的石油资源。近两年非洲油气储量基本保持稳定，未来天然气增长潜力较大。因此，从非洲地区进口油气是中国保障能源供应安全的重要选择。据不完全统计，截至目前，中国能源企业在非投资项目已超过50个。随着中非关系的发展，如今非洲已经成了中国第二大石油进口来源地。因此，在相互尊重主权的基础上与非洲石油资源国开展广泛的石油合作，这不仅能够有助于提高世界石油生产能力，而且有助于缓和地缘政治紧张状况，有利于维护国际石油供应和价格的稳定。

第9章

中国南海油气资源的争端与维权

中国南海主要有10多个油气盆地、200多个含油气构造区块，常规油气资源量预计约350亿吨油当量，其中230亿吨分布在中国传统海域内，这约占中国油气总资源量的1/3。迄今为止，南海周边国家已经在南海开了1380口油井，全世界各大石油公司都从中分得一杯羹。相比之下，中国对南海油气资源的开发进展缓慢。若南海油气资源被他国掠夺，中国海域将失去约2/3的可采油气资源。当前，南海油气资源的维权问题极其重要。

作为海洋大国，中国近海的大片海域内拥有巨大的石油财富。自“十一五”以来，中国石油产量增长的一半就来自海洋。单从中国近海海域石油储量来说，南海南沙群岛地区的石油储量尤为丰富，估计南沙的石油储量大概在550亿吨，相当于10多个“大庆”，另外还有20多万亿方的天然气，相当可观。然而，自被探明有丰富油气资源以来，被称为“第二个波斯湾”的南海便成为世界热点地区。由于政治和技术因素的制约，中国在南沙群岛至今没有一口油井。

中国明朝伟大的航海家郑和曾经说：“欲国家富强，不可置海洋于不顾，财富取之于海，危险亦来自海上。”近些年来，烙印着重要“战略性资源”的中国海洋石油，越来越受到日本、韩国以及南海周边国家的觊觎，同时还面临着外部势力介入的挑战，中国近海石油开采竞争日趋激烈，中国领海的油气资源正不断地流失，一场围绕中国沿海大陆架的海上石油争夺战正在升级。中国在21世纪所面临的近海海洋油气战略环境是极其严峻的。如果听任海洋方面的不利局势继续下去，如果继续被困在近海，中华民族的伟大复兴又从何谈起？中国的海权如何得到伸张和维护？又怎么能赢得别国对中国海权的尊重，又有何资格奢谈成为世界海洋强国呢？对中国来讲，现在已经是到了维护海洋权利的时刻了，使得国人也该越来越清醒地认识到——中国近海已经成为中国无法避免的崛起门槛。

南海之美：中国最大最后一片最纯净的海

碧波荡漾，浩瀚缥缈，中国最后一片最纯净的海——南海。如果有机会，一定要去看看，水竟然可以那么蓝，那么透明，水竟然可以分那么多颜色，而每种颜色竟然都那么纯净。南海北接中国广东、广西，东南西与菲律宾、新加坡、马来西亚、文莱、印度尼西亚、越南等多国相邻。

南海是中国最深、最大的海，南海的面积约为350万平方千米，约等于中国的渤海、黄海和东海总面积的3倍，仅次于南太平洋的珊瑚海和印度洋的阿拉伯海，居世界第三位，也是仅次于珊瑚海和阿拉伯海的世界第三大陆缘海。东面和南面分别隔菲律宾群岛和大巽他群岛与太平洋、印度洋为邻，西临中南半岛和马来半岛。四周较浅，中间深陷；平均深度1212米，最深处达5559米。如果把两座南岳衡山叠起来放到南海里，最上面的山头离水面还有近700米的距离。西部有北部湾和泰国湾两个大型海湾。汇入南海的主要河流有珠江、韩江以及中南半岛上的红河、湄公河和湄南河等。由于这些河的含沙量很小，所以海阔水深的南海总是呈现碧绿或深蓝色。

南海地处低纬度地域，是中国海区中气候最暖和的热带深海，海中分布着许许多多的珊瑚礁和珊瑚岛，它们像一颗颗明珠镶嵌在湛蓝的海面上。这些岛礁总称南海诸岛，分为东沙群岛、西沙群岛、中沙群岛、曾母暗沙、南沙群岛和黄岩岛。

东沙群岛

东沙群岛是南海诸岛中位置最北的一组群岛。由一个小岛（东沙岛）、一个环礁（东沙礁）和两个暗礁（南卫滩和北卫滩）组成。附近海区还有不少暗沙和暗礁。它位居中国广东、海南岛、台湾岛及菲律宾吕宋岛的中间位置，属热带地区，终年高温。是南海诸岛中离大陆最近、岛礁最少的一组群岛。

东沙群岛地区在气候上属于亚热带海洋性，冬季时仍受东北季风之影响，年均气温为摄氏25度，五、六月为梅雨期，七、八月有台风。夏季平均气温摄氏28.5度，雨水充沛，冬季摄氏20度，较少下雨。整个东沙群岛海域面积广达5000平方公里，面积辽阔，海底鱼类、珊瑚、水母等资源丰富。

东沙岛为东沙群岛中唯一的一个岛屿，又称“大东沙”，因位于万山群岛之东，故称为“东沙”。潮汕渔民称为“月牙岛”，外国人航海图称为普拉塔斯岛。北距汕头168公里，西北距离香港169公里，西距海口420公里，东南距菲律宾马尼拉430公里，东北距台湾高雄220公里。东沙岛面积约1.8平方公里（包括1965年填平的浅湖面积），环岛一周约8公里，慢跑绕岛一周约一小时，是南海诸岛中面积第二的岛屿，仅次于西沙永兴岛。

中沙群岛

中沙群岛是南海诸岛中位置居中的群岛。西距西沙群岛的永兴岛约200公里。主要部分由隐没在水中的3座暗沙、滩、礁、岛所组成。长约140公里（不包括黄岩岛），宽约60公里，从东北向西南延伸，略呈椭圆形。它包括南海海盆西侧的中沙大环礁、北侧的神狐暗沙、一统暗沙及耸立在深海盆上的宪法暗沙、中南暗沙、黄岩岛等。几乎全部隐没于海面之下，距海面约10～26米，只有黄岩岛南面露出了水面。

中沙大环礁是南海诸岛中最大的环礁，全为海水淹没，水深一般9～26米。大环礁东侧是深而大的地壳断裂带，陆壳和洋壳接触处以51度～58度陡坡下降到海底4000米海盆上。大环礁南部与南沙群岛的双子群礁间海域，是南海最深处（-5559米），这里的热流量、布格重力和磁力都异常偏高，可能与陆块漂移有关。

中沙群岛中的暗沙边缘突起，彼此间的断块又不相联，因此造成许多独立个体。断缺部分成为出入湖的天然水道。湖内亦散布有暗沙，其中以漫步暗沙最浅，仅9米。黄岩岛是中沙群岛中唯一露出水面的环礁，为海盆中的海山上覆珊瑚礁而成，位于中沙东侧，距滩礁约300公里，状似三角形，长约19公里，边缘陡峭，湖水色清绿，礁盘上分布有明显可见的石柱状珊瑚礁块，最高者称为“南岩”，高出海面约1.8米。黄岩岛犹如一珊瑚岩柱，从4000米深的海盆直插耸立于海面。

中沙群岛虽为隐伏在水中的暗沙群，但距海面较近，面积广大，因而对海面状况影响甚巨。天气恶劣时，如漫步暗沙、比微暗沙波浪极大，滩岸附近海面为其所扰，海水显得高而乱。暗沙所在的海区，海水为微绿色，而深海则呈碧蓝色，极易分辨。故早在200余年前，中沙即被利用为航行走“外沟”的标志，由广州、香港、上海、台湾、日本等到新加坡的航线均经此而过。

中沙群岛附近海域营养盐分丰富，是南海重要渔场，盛产金带梅鲷、旗鱼、箭鱼、金枪鱼等多种水产。珊瑚礁的生物量也较高，形成五光十色的

“海底花园”。中沙群岛大部分海区位于热带中部，是中国南海台风的发源地。

西沙群岛

西沙群岛位于海南岛东南约180海里处。从东北向西南伸展，在长250公里，宽约150公里的海域里，由45座岛、洲、礁、沙滩组成。

西沙群岛岛屿，东面为宜德群岛，由北岛、石岛和永兴岛等7个岛屿组成；西面是永乐群岛，由金银、中建、珊瑚8个岛屿组成。西沙群岛地处北回归线以南，雨量充沛，岛屿附近海域的水温年变化小。这些优越的自然条件形成了西沙群岛奇特的景观。登上西沙群岛的第一大岛永兴岛，就如走进了一座热带植物园。那里热带植物丛生，四季繁茂。环岛沙堤以内的地区生长着以白避霜花组成的乔木林，越靠岛的中心地带植株越高，越靠近海岸，植株越矮。在岛的外围沙堤上，生长的是海岸桐和草海桐等热带乔木和灌木。海岸桐主要分布在环岛50～100米宽的沙堤上，好象沿岛的防风林一样。它的材质较好，分枝多而低矮，抗风力强。草海桐是珊瑚岛上热带常绿灌木，分布广，面积大，除了潮水可以淹没的地域外，岛屿其他地方都有生长。除了天然林，岛上还有历代中国军民种植的椰子树等，有些地方形成小片椰子林。

西沙群岛上栖息着鸟类40多种，素称“鸟的天堂”。更有趣的是鲣鸟，它会在大海中给渔船导航，渔民们称鲣鸟为“导航鸟”。西沙群岛是中国主要热带渔场，那里有珊瑚鱼类和大洋性鱼类400余种。海产品主要有海龟、海参、珍珠、贝类、鲍鱼、渔藻等。比较名贵的有海龟之王的棱皮龟，海参之王的梅花参，世界最著名的珍珠——南珠、宝贝、麒麟等。随着海、陆、空交通的不断发展，人们游览南海诸岛风光的愿望不久将会得到实现。

南沙群岛

南沙群岛是南海诸岛中岛礁最多，散布范围最广的一椭圆形珊瑚礁群。北起雄南滩，南至曾母暗沙，东至海里马滩，西到万安滩，南北长500多海里，东西宽400多海里，水域面积约82万平方公里，约占南中国海传统海域面积的2/5。周边自西、南、东依次毗邻越南、印度尼西亚、马来西亚、文莱和菲律宾。南沙群岛由550多个岛、洲、礁、沙、滩组成，但露出海面的约占1/5，最大的岛屿是太平岛。

南沙群岛战略地位十分重要，处于越南金兰湾和菲律宾苏比克湾两大海军基地之间，扼太平洋至印度洋海上交通要冲，为东亚通往南亚、中东、非洲、欧洲必经的国际重要航道，也是中国对外开放的重要通道和南疆安全的重要屏障。在中国通往国外的39条航线中，有21条通过南沙群岛海域，60%外贸运输从南沙经过。

南沙群岛属热带海洋性季风气候，月平均温度在25至29摄氏度之间，雨量充沛，岛上灌木繁茂，海鸟群集，盛产鸟粪，两栖生物丰富，水产种类繁多，是中国海洋渔业最大的热带渔场，有浮藻植物155种，浮游动物200多种，贝壳66种。海域蕴藏着大量的矿藏资源，有石油和天然气、铁、铜、锰、磷等多种。其中油气资源尤为丰富，地质储量约为350亿吨，有“第二个波斯湾”之称，主要分布在曾母暗沙、万安西和北乐滩等十几个盆地，总面积约41万平方公里，仅曾母暗沙盆地的油气质储量就约有150亿吨。

南海之“重”：作为中国海防前哨的战略要道

南海地理位置独特，沟通两个主要的大洋，是东南亚的“内海”，是东亚的能源主要交通线，是未来的又一个能源开发区，是中国周边最大的一个海，也是中国主权范围内最大、被抢夺最多的海。由此，南海的战略意义不言而喻，并日益凸现。南海问题事关国家安全。

南海问题主要是针对南沙群岛而言。南沙群岛海域面积辽阔，军事战略地位重要，是东亚通往南亚、非洲、大洋洲、欧洲等地的重要航道。因此南沙群岛海域自古以来就是东方各国海上交往的要道，素有“海上丝绸之路”的美誉。由于它的重要地位，因此在近代已发展成具有世界性经济、军事意义的重要战略海域。

战略上分析，南沙群岛西邻越南，东濒菲律宾，南临马来西亚、文莱、印度尼西亚，向北又与西沙、中沙群岛和海南岛相望，是中国传统海疆的最南端。南海地处太平洋和印度洋之间，其战略地位十分重要，素有“亚洲的地中海”之称。南海处于越南金兰湾和菲律宾苏比克湾两大海军基地之间，为太平洋和印度洋之间的海上交通要道，是东亚通往南亚、中东、非洲、欧洲必经的重要国际航道。

美国在全球控制的16个海上交通“咽喉点”中，有三个都在南海附近。作为世界上通航量第二大的海上航道，南海是东盟各国、欧洲各国、美、日、俄、澳等主要经济体的海上航运生命线。经过这一海域的国际贸易量占全球贸易量的80%左右；日本、韩国90%的石油进口要经过南海运输；南海地区出产的液化天然气75%运往日本；美国从亚太地区进口的各种重要原料，九成左右要走南海航线。据统计，每年通过南海的各类船只平均为10多万艘，平均每天为270多艘。每年通过船只的吨位占世界船舶总吨位的1/2，是苏伊士运河交通流量的2倍，是巴拿马运河交通流量的3倍，世界贸易总额的约15%是通过南海通道实现的。另外，南海上空也是世界重要的航空通道。中、日、韩与东南亚各地的航线，菲律宾与中南半岛各地来往的航线都要经过南海上空。显而易见，拥有南海诸岛，可有效控制这一重要水域和国际航线。

此外，南海地区意识形态、文化、宗教和社会制度也很多种多样，区域经济发展较为迅速。由于海洋战略地位日渐重要，所以世界有关国家都对其的领权展开了争夺战。小国大多是为了海洋丰富的自然资源，而大国，则是为了今后的战略地位。对于中国来说，南海具有重要的战略地缘价值，南海诸岛是中国固有领土，它是中国东南部战略防御的前哨阵地和华南地区的海上屏障，使中国的战略防御纵深向南推进数百海里，对于保障经济安全、军事安全有重要意义。

南海之“富”：中国的天赐宝藏，
堪称第二个“波斯湾”

南海是中国四大海域中最大、最深、自然资源最为丰富的海区。这里有丰富的石油天然气，还有矿物资源，含有锰、铁、铜、钴等35种金属和稀有金属锰结核；盛产各种海产品，有海洋生物2850多种，正因如此，南海也成为周边各国关注的热点。南海各岛有一种天然资源鸟粪，堆积如山，值得开发。据估计，仅太平岛就蕴藏着10万吨以上的鸟粪、磷矿，它们是十分宝贵的天然优质肥料，还可用以提炼出具有医学价值的咖啡因。南海海域的渔业资源也极为丰富。南海是一个丰饶的渔场，海中有大黄鱼、小黄鱼、带鱼、鲐鱼、墨鱼、海龟、红鱼等。其中的大黄鱼是一种重要的海产资源。这里的鱼类从不游往外国的海域，似乎恋着自己的家乡，因而有“中国家鱼”的美称。南海的金丝燕用海藻和唾液做巢，这种巢就是珍贵的滋补品燕窝。前往东沙捕鱼的船，以潮汕人居多。到西沙、南沙去的多属海南岛人。赴西沙群岛的，每年来往两次，春秋来夏冬归。南沙距离更远，一年来往一次，船只更少。近年来，广西、广东、海南等省区的海洋渔业部门，有组织地将渔船开往南沙，开辟深海捕捞作业的新路。

南海还有一种矿产，也是重要的海洋矿产，就是多金属结核。多金属结核形成很慢，在太平洋地区“长”得最好，这是因为陆地上剥蚀的物质都被截留在太平洋周边的海沟和海里了。南海海盆不像太平洋一样广阔，而且它贴近大陆，陆源输入量比较多，这本来是妨碍多金属结核形成的。但是根据探测，南海的多金属结核也“长”得有一个拳头大小，和太平洋地区不相上下。人们测了一下这些多金属结核的年龄，非常令人惊讶：太平洋长这么大的一个结核，需要6000—7000万年。而在南海西沙海槽边缘，与太平洋地区同样大小的多金属结核“长”得却很快，只需要200万年，时间上只相当于大洋结核的1/35。

南海海底蕴藏着大量油气资源。南海油气资源主要分布在24个沉积盆地，总面积约72万平方公里。国土资源部地质普查数据显示，南海大陆架已知的主要含油盆地有十余个，面积约85.24万平方公里，几乎占到南海大陆架总面积的一半。仅在海南近海海域，就分布着北部湾、莺歌海和琼东南盆地等3个新生代沉积盆地，面积达16万平方公里，是油气资源勘探远景区，已勘探出55.2亿吨石油、12万亿立方米天然气。

“可燃冰”是石油、天然气的最佳替代能源。南海的可燃冰数量有多少呢？利用地球物理勘探的资料来估算，现在的估算是：全球的可燃冰储量是全球化石能源储量的两倍以上，这是公认的参考数据。中国全海域可燃冰的资源量粗略估计是690亿吨油当量，科考人员在中国南海北部圈定了11个“可燃冰”矿体，预测储量约为194亿立方米。据估计，中国南海海底巨大的“可燃冰”带，能源总量估计相当于中国石油总量的一半。可以预言，南海将成为中国海上最大的油气生产基地。

南海诸岛和附近海域：主权归属无可争辩

一段时间以来，随着国际能源危机的加剧，南海周边国家在“南海主权”问题上动作频频，加上一些别有用心大国的搅局，使得南海形势变得更加波谲云诡。

中国人最早发现并开发了南海岛屿礁滩，从历史与法理的双重角度看，中国对南海诸岛及其附近海域都拥有无可争辩的主权。

远在秦汉时代，中国先民在南海就已经有了航海通商和渔业生产活动。南海诸岛在唐代已列入中国版图。明代也将南海纳入行政管辖。第二次世界大战中日本侵占南海诸岛，战后中国政府收回，并将其归入广东省管辖。无论是中华民国、中华人民共和国对于南海诸岛行使主权的表述与行动，还是国际社会的普遍接受情况，中国对于南海以及所属岛礁都拥有无可争议的主权权益。

进入20世纪以来，世界主要国家出版的近200种地图集和权威百科全书，无不明确标明或承认，南沙群岛及其附近海域在中国南海的传统海疆之内。直到现在，很多岛屿的名字都印证了那段历史。

从地理上看，南海是一个半封闭海，北濒中国大陆和台湾，东临菲律宾群岛，南以连接西南婆罗洲到苏门答腊的一条线为界，西南是由马来西亚、马泰边界再到越南南端和越南南部沿岸，总面积约350万平方公里。南海岛屿大都狭小，其中最大者为东沙岛，面积约12平方公里。西沙最大的永兴岛约1.85平方公里，而南沙最大的太平岛，也仅0.4平方公里。

中国1958年的《领海声明》、1992年的《领海及毗连区法》及有关“中国对南海诸岛及附近海域拥有无可争辩主权”的外交声明为南海诸岛的归属提供了法律依据。此外，中国作为1982年《联合国海洋法公约》缔约国，享有南海“九段线”内沿陆地领海基线及符合条件的岛屿领海基线向外200海里的专属经济区，以及最大不超过350海里大陆架的主权权利及专属管辖权。

所谓“九段线”是中国在南海海域国界线的一种叫法。1947年，当时的中国政府根据二战战后安排，和中国历史上实际管辖范围，在其编绘出版的《南海诸岛位置图》中，标绘了一条由11段断续线组成的未定国界线，对“九段线”内西沙、东沙、中沙、南沙各岛礁予以命名，并发表声明予以宣示，当时南海周边国家（有的未独立）没有异议。新中国成立后，经政府有关部门审定出版的地图在同一位置上也标绘了这样一条线，而只是将11段断续线改为9段断续线。这一条线通常被称为中国在南海的传统疆界线。

事实上，早在1968年联合国有关资源机构发表南海拥有丰富石油资源的报告之前，南海的形势可以说非常平静，有关国家也承认南海主权属于中国。但在这一报告发布后，南海周边国家纷纷提出对南海岛屿的主权要求，并采取行动占领岛屿，才发生了与中国的领土争端。很显然，南海争端的发生缘于对资源的争夺。

南海之争：被疯狂抢劫的南海油气资源盛宴

第二次世界大战期间，日本发动侵华战争，占领了中国大片地区，包括西沙、南沙群岛。《开罗宣言》和《波茨坦公告》及其他国际文件明确规定把被日本窃取的中国领土归还中国，这自然包括了西沙、南沙群岛。1946年12月，当时的中国政府指派高级官员赴南沙群岛接收。日本政府于1952年正式表示“放弃对台湾、澎湖列岛以及南沙群岛、西沙群岛之一切权利、权利名义与要求”，从而将西沙、南沙群岛正式交还给中国。

战后相当长时期内，并不存在所谓的南海问题。南海周边的地区也没有任何国家对中国在南沙群岛及其附近海域行使主权提出过异议。“在农业国时期，对海洋的需求不大，无法产生海洋意识。比如中国，郑和下西洋‘玩’了一趟又走了，但时代的发展改变了南海的意义。”新加坡国立大学东亚研究所所长郑永年说。对于急需加速工业化的东南亚国家而言，石油的诱惑显而易见。后来南海甚至被称为“第二个波斯湾”。

随着世界范围非殖民化的发展，东盟国家逐渐取得独立，产生了一些新的国家，如新加坡和文莱。政治独立后的这些国家在新一轮的全球化浪潮中，在经济上也在取得快速进步，从中还涌现出东亚的“小龙”或“小虎”。这同时意味着这些国家将更加关注资源获得以维护经济发展，东盟那些沿海与岛屿国家的资源出路必然是向海看。

自1982年《联合国海洋法公约》通过以来，各沿海国的海洋权利普遍得到扩大，不仅一些国家的3海里领海扩大到12海里，它们还得到了与大陆架相关的排他性海洋经济权利。它们对获取扩大海洋主权以争取海洋资源的意识已有大幅提高。20世纪60年代后期经调查发现南海蕴藏着丰富的海底石油和天然气资源后，周边国家开始加速强占南沙的岛礁。南海周边国家纷纷根据公约条款，提出各自的200海里专属经济区主张，与中国在南海主张的管辖海域形成了大面积重叠——在中国主张的200万平方公里版图面积中，约有3/4与他国的主张重叠。不仅如此，这些国家的主张彼此之间也相互重叠：马来西亚和越南就安波沙洲的主权存在冲突，与菲律宾在校尉礁归属问题上冲突，与文莱在南通礁主权上冲突，菲律宾又与越南争夺司令礁……

相比之下，中国从民国时期沿用至今的“九段线”虽然已经通过教科书深入国人心中，却无法在海洋法公约中找到对应概念。

对中国而言，联合国海洋法公约另一个尴尬在于：它对“历史性水域”、“历史性权利”未作出明确规定，而这些恰恰是中国声索南海主权的重要凭据。

从20世纪60年代以来，越南、菲律宾、文莱、马来西亚等南海周边国家先后对南沙群岛的全部或部分岛礁提出主权要求，并非法占据了南沙群岛部分岛礁。在南沙群岛189个已有命名的岛、礁和暗滩、暗沙中，有43个岛、礁分别被越南、菲律宾、马来西亚等国占据，其中越南占据29个岛礁，菲律宾占据9个岛礁，马来西亚占据5个岛礁。20世纪80年代末90年代初，这些国家开始分别在所占据的岛礁上修建飞机跑道，建渔港、灯塔和旅游观光点，并纷纷与外国石油公司合作，开采南沙地区的油气资源。一些国家自从涉足这一海域后，短短十几年时间，已从南海获取了重大经济利益，有的甚至从贫油国变成了油气资源出口国。

到20世纪90年代末期，这些国家已经在南沙海域钻井1000多口，发现含油气构造200余个和油气田180个（其中油田101个、气田79个），仅1999年年产石油4043万吨、天然气310亿立方米，分别是中国1999年整个近海石油年产量和天然气产量的2.5倍和7倍。

“搁置争议，共同开发”主张的提出。1984年，邓小平最先提出了“搁置争议，共同开发”的设想。他说：“南沙群岛，历来世界地图是划到中国的，属中国，现在除台湾占了一个岛以外，菲律宾占了几个岛，越南占了几个岛，马来西亚占了几个岛。将来怎么办？一个办法是我们用武力统统把这些岛收回来；一个办法是把主权问题搁置起来，共同开发，这就可以消除多年积累下来的问题。”1990年，中国对外正式提出了“搁置争议，共同开发”南海的主张，期望通过和平谈判的方式、共同开发的方式，与东盟涉及南海争端的这些国家解决问题。

2002年，中国同东盟国家发表了《南海各方行为宣言》，表达了有关各方促进和深化中国与东盟战略伙伴关系和共同维护南海地区和平与稳定的意愿。

目前，南海的形势是，越南基本控制了南沙西部海域，菲律宾基本控制了南沙东北部海域，马来西亚基本控制了南沙西南部海域。印度尼西亚和文莱两国虽没有直接占据南沙群岛岛礁，但印尼单方面宣布的专属经济区深入中国传统海疆线5万平方公里；文莱则对我南沙群岛的南通礁提出领土要求，企图划分我3万平方公里的海域。这些国家通过建立200海里专属经济区和大陆架等制度，将其主张的海域范围覆盖了南海大部分海域且彼此重叠，同时也与中国主张的管辖海域范围形成重叠。因此，南海问题，不光是南沙群岛的主权和领土争端，还有着中国与南海周边国家海洋管辖区域的划分问题。

南海问题愈演愈烈，菲越两国求诸美国

近年来，围绕关于南海主权与权益之争的“南海问题”有愈演愈烈的趋势。一方面，一部分声索国在加紧开采临近的南海海域的资源，包括采取国际招标合作的方式，以图将这一问题国际化。另一方面，这些国家也在努力通过武器采购快速实现武备现代化，以为其主权诉求壮胆。它们也正在引入外部势力介入南海争端。据悉，越南军方高层特地前往美国“诉苦”，刺激美国海军在地区“维权”，不放弃其在南海海域自由航行的“权利”，以“平衡”中国的发展。越南去年还在南海与美国海军开展了联合演习。菲律宾则加紧对美国施压，要求美国承诺依据美菲共同防御条约，对菲律宾关于南海的主权诉求给予背书。

在中越关于南海主权的争议中，双方曾发生武力冲突。1974年，中国曾与当时的南越当局在西沙群岛地区发生海战，双方互有损失，但中国取胜。1988年，因中国执行联合国教科文组织《全球海平面联测计划》而在南沙永署礁建立第74号海洋观察站，中越双方在南沙的赤瓜礁发生武装冲突。2013年6月上旬，因越南在南海区域开采石油，双方船只发生冲突。从2014年5月2日开始，越南强力干扰中国在西沙中建岛附近的正常钻勘作业，并在国内掀起反华骚乱，在国际上制造反华舆论。

由于越南目前对整个西沙和南沙都提出了主权要求，它就成为对中国南海主权诉求提出全面挑战的国家。而在1958年9月14日，当时的越南总理范文同在给中国总理的照会中表示："越南民主共和国承认和赞同中华人民共和国政府1958年9月4日关于规定中国领海的声明，越南民主共和国政府尊重这一决定。"中国政府在该领海声明中指出："中华人民共和国的领海宽度为12海里。这项规定适用于中华人民共和国的一切领土，包括中国大陆及其沿海岛屿，和同大陆及其沿海岛屿隔有公海的台湾及其周围各岛、澎湖列岛、东沙群岛、西沙群岛、中沙群岛、南沙群岛以及其他属于中国的岛屿。"

中国关于南海问题的立场没有发生变化，但是随着时间和形势的变化，越南出尔反尔，对于南海的立场发生了变化，因此中越发生矛盾的原因，不在中国。同样的情况，也发生在其他声索国。基于当时国际法和习惯法，中国政府于20世纪30年代首次全面提出了对西沙和南沙的主权，并于1947年首先全面提出对整个南海地区的诉求。这些国家在此后的1/4世纪中没有提出异议，这已经在一定程度上默认了中国的主张，更不用说它们以外交照会或者在官方印制的地图上已经接受了中国的主张。中国若能成功应对上述考验，南海问题将成为中国和平崛起有力例证。但若情况相反，南海争端将耗费大量国力，消蚀中国国际声誉，增强周边反华情绪，该问题可能成为“长期麻烦”甚至是“大国陷阱”。因此，中国应该对现实情况抱有清醒认识，谨慎权衡长短利弊得失，不断提升对海洋的管控能力，加快建设海洋强国步代，有效维护和拓展中国的海洋权益。

求解寻路：崛起大国面临的智慧考验

现在，南海争端是世界上涉及国家最多、情况最为复杂的海洋权益之争。除了牵涉中国、越南、菲律宾、马来西亚、文莱和中国台湾五国六方外，美国、日本、印度等区域外势力亦若隐若现。

2002年11月4日，中国与东盟各国在柬埔寨首都金边签署了《南海各方行为宣言》。按照协议，各方要承诺保持自我克制，不采取使争议复杂化、扩大化和影响和平与稳定的行动，包括不在现无人居住的岛、礁、滩、沙或其他自然构造上采取居住的行动，并以建设性的方式处理分歧。

各方达成了一个维持现状的共识，却依旧有部分国家悄悄地采取小动作。越、菲、马等国依然在宣示所谓“主权”，巩固既得利益，它们开发旅游、开采油气资源、建立基础设施，甚至举行选举、建立行政建制。

2012年夏天，印尼总统苏西洛也曾对《南方周末》记者说：“印尼和中国之间不存在关于领土的争端。我们没有任何陆地疆界或海洋疆界方面的争端。这是好事。”

2012年再度升温的南海，与1956年、1971年、1982年的南海最大的不同在于：中国已经成为和平崛起中的大国。历史上，崛起的大国必然引发邻国的疑虑和猜忌。

“我们正处在一种新的国际安全环境下。”中国现代国际关系研究院院长崔立如说，“在新的形势下，‘主权在我’方面应该做更多的工作。但是，中国不允许他国船只在中国专属经济区内从事非和平的活动，并反对未经中国政府同意，在中国专属经济区以及上空从事军事活动。据此，中国对美国军用舰机在我专属经济区内进行抵近侦察的行为，坚决反对。”

中国对于南海的两元主张之二是“共同开发”。这是鉴于理想与现实的双重考虑的。基于关于领土与主权的历史划分涉及每个国家的核心利益，也基于各国对权益的考量，中国采取了“据理力争、得理让人”的姿态，这无疑是中国以友善姿态寻求与其他声索国之间共同利益最大化的积极主张。

2002年，中国与东盟十国在柬埔寨共签的《南海各方行为宣言》是中国与东盟签署的第一份有关南海问题的政治文件，对维护中国主权权益，保持南海地区和平与稳定，增进中国与东盟互信有重要的积极意义。这份宣言的要点包括“直接有关的主权国家通过友好磋商和谈判，以和平方式解决它们的领土和管辖权争议，而不诉诸武力或以武力相威胁”，以及“各方承诺保持自我克制，不采取使争议复杂化、扩大化和影响和平与稳定的行动，包括不在现无人居住的岛、礁、滩、沙或其他自然构造上采取居住的行动，并以建设性的方式处理它们的分歧。”

根据这些原则，解决南海争议应该放弃武力手段，并由直接相关方通过谈判解决。所以，间接相关方以及非相关方不宜参加谈判。既然是谈判而非采取武力，那各方就应采取互让互给的方式，各方都有得有失，寻求共赢。这一宣言指明了解决未来解决南海争端的方向，但还需要制定可约束的“行为准则”，化口号为行动。南海应该成为环南海国家友好合作之海，南海的非领海部分应该成为全世界各国和平航行的自由之海。

世界公认的油气接替区主要集中在非常规油气资源、深海油气资源。中国的南海已成为全球第四大深水区。相关数据显示，南海盆地群的石油地质资源储量约占中国油气总资源量的1/3。一直以来，中国一直坚持“主权属我、搁置争议、共同开发”的原则，但中国的“高度克制”并未换来周边国家同样的态度。迄今为止，南海周边国家已经在南海开了1380口油井。其直接结果是，中国海洋权益面临着四大挑战：海域被瓜分，岛礁被侵占，资源被掠夺，安全受威胁。今后10年，油气地缘政治冲突将是中国与南海周边国家关系最严峻的主题。在与邻国的领土纠纷中，中国应果断地捍卫自身利益。中国的石油企业，应当进入中国固有领海南海，实施大规模的石油勘探和开采活动。

第10章 恐怖主义与中国石油安全

恐怖分子干扰全球经济的最有效手段之一就是打击石油供应。就运输渠道来说，世界上的大部分石油和天然气是通过全球海盗最猖獗的水域运输的。如今，恐怖主义团伙已经把海盗活动看作获取充足资金的潜在手段。就涉恐的能源安全来说，通过海路延伸、将西方和亚洲经济体与中东联系到一起的无所不在的能源供应线比以往任何时候都更脆弱。新疆反恐斗争不容忽视：新疆的面积是日本的4倍还多，有丰富的石油和天然气；新疆是中国发展、稳定和长远能源稳定的枢纽，包括反恐斗争在内的新疆维稳对中国石油安全极为重要。

2004年5月3日，巴基斯坦瓜达尔港口的一声爆炸，改写了中国人海外受袭的历史——第一次成为恐怖分子单纯的杀人目标。没有勒索钱财，没有经济要求，没有抢劫，只是杀人，杀中国人。针对中国人的恐怖事件，不仅改变了“恐怖活动与中国无关”的看法，而且对中国保护海外利益的观念产生了重大冲击和警示。

中国的石油通道安全也面临着恐怖主义的潜在威胁，作为中国能源运输“生命线”的马六甲海峡被认为是极易受到恐怖主义攻击的高风险地带，如果海峡通行一旦受阻，将对中国的能源安全乃至经济发展造成极大的影响。同时，吸引了中国众多能源和工程企业的中东、非洲和中亚地区，恰恰又是世界上矛盾冲突最为集中的地区，国际恐怖主义容易滋生成长，常常引爆各种争端与战乱。中国绝非远离恐怖主义的“安全岛”，中国在对付恐怖主义问题上切不可掉以轻心。恐怖主义和非传统安全成为包括石油安全在内的国家安全的重要问题。

恐怖主义的新特性和新动向

恐怖主义是现代国家普遍面临的重大威胁。翻开世界地图，人们不难发现中国与国际恐怖主义有多么紧密的“地缘联系”。在中国的周边，存在着一个恐怖势力的高发地带，包括高加索、中亚、南亚和中东地区，但这些主要是国别性的活动。它们的活动主要与当地民族和宗教冲突有关。在中国与这些国家进行经贸和推动双边关系时，可能会对中国人产生影响。套用阿卡耶夫总统的话，与中亚国家毗邻的中国现在也正处于国际恐怖主义威胁的风口浪尖上！

恐怖主义形成和演变的复杂性，决定了其在界定上的复杂性。如何区分恐怖主义与一般暴力犯罪、激化的群体性事件等之间的差异，对反恐的精确性至关重要。恐怖主义在当下究竟有哪些新的行为特征呢？

恐怖组织成分更加复杂。“9·11”事件后，美国等一些国家将“基地”组织、东南亚“伊斯兰祈祷团”、菲律宾反政府武装“阿布沙耶夫”、巴基斯坦“穆斯林联合军”等列为“恐怖主义组织”。在近一个时期发生的恐怖事件中，除了上述组织的活动外，还出现了众多的个体行为，其中最突出的就是极端仇恨者，伊拉克发生的一些爆炸事件就是由这些极端仇恨者发动的。

恐怖主义目标更加多样。从历史情况看，恐怖目标多为大中城市、政府要员、重要机构、军事设施、标志性建筑及飞机等重要目标，但是近期的恐怖事件多发生在一些普通交通工具、商业居民区、群众聚集地等民用设施。这是因为，“9·11”后，各国政府普遍加强了对重要目标的保护，使得恐怖分子难以下手。而一些普通交通工具和民众活动场所目标多，不便防范，一般安保措施难以到位，因此，恐怖分子比较容易得手。

恐怖主义区域更加广泛。自20世纪60年代以来，世界恐怖事件多发生在中东和个别欧洲国家。“9・11”事件后，几乎世界各地都有恐怖主义发生。恐怖主义区域变得更加广泛，其主要原因是“9・11”后，美国发动阿富汗战争，武装推翻塔利班政权，摧毁“基地”组织在塔利班保护下设置的训练营。“基地”组织成员为逃避打击也四散到世界各地；目前，“基地”组织在世界60多个国家活动，拥有可供调度的1.8万名“潜在恐怖分子”。为实施有效的恐怖行动，“基地”组织表现出相当的向心力，一些原本并非“同道”的组织开始在精神上聚合，互相学习恐怖手法，独立采取恐怖行动。2014年以来，与“基地”组织有关，但更具独立性的恐怖组织“伊斯兰国”，利用叙利亚和伊拉克内乱危害世界和平安全。另外，随着全球化的发展，世界各地经济发展严重失衡，个别地区极度贫困化，从而使这些地区成为恐怖主义滋长的温床；最后，美国在进行反恐战争中实施的错误政策，比如在伊拉克美军虐囚事件的发生以及美“以暴抑暴”的军事行动，造成美国和整个伊斯兰世界的矛盾加剧，一些组织和个人从民族利益出发，开始对美国以及支持美国的国家发动恐怖主义袭击，从而使恐怖主义呈现国际化趋势。

恐怖企图更加深远。自身的政治属性、威胁针对平民和制造恐怖气氛，是所有恐怖主义具有的重要因素。过去的恐怖主义普遍具有报复心理，可以说多数恐怖事件是恐怖分子实施的“非对称攻击”。在近期发生的恐怖行动中，恐怖分子袭击的目标和实施的手段都发生了变化，而这种变化的内在原因是恐怖分子的企图更加深远，有的已经不属于报复的范畴。由于各国反恐力度加大，恐怖分子的压力也在增大，活动更加艰难。为了减轻这种压力，一些恐怖组织和个人开始对各种可以实施袭击的目标进行攻击，甚至包括一些人道主义组织和国际机构。在伊拉克重建之际，当初主要以美军为目标的袭击事件逐渐演变成针对国际组织和警察组织等非军事的“软目标”。恐怖分子之所以对上述目标进行不断袭击，目的就是追求轰动效应，造成危机四起局面，引起民众普遍恐慌，增加民众的心理压力，从而迫使某国政府作出政策调整。

海盗恐怖主义：中国石油安全遭遇的海上恐怖主义犯罪

海盗，一个听来似乎很遥远、很神秘、很可怕的名词。在人们的印象中，他们都是头戴牛首盔，乘着龙头船，举着骷髅旗，且无一例外是形象狰狞的“独眼龙”，是杀人不眨眼的“大魔头”；而在今天，海盗却手提先进的AK-47冲锋枪、肩扛火箭筒、腰佩卫星电话与GPS全球定位仪，驾驶着巨轮与快艇，在狂风恶浪中神出鬼没，劫船索财，已经成了汪洋大海上的“生意人”，有人甚至把他们视为一只怪异的“现代化海军”……

海盗自古以来就有，其历史甚至比它的天敌海军还长。换句话说，古今中外海军的一大职责就是打击海盗，但海盗并未因海军的强大而消失。600多年前郑和下西洋时北纬10度线是国际海运业的黄金航道，今天依旧如此。600

多年前中国海军在马六甲海峡、孟加拉湾和亚丁湾打海盗，今天这3个地方仍是全球海盗猖獗的热点。

今天的索马里海盗极富政治头脑，是传统海盗和恐怖主义的结合体，其危害高于其他地区的海盗。有些观点认为，索马里海盗只为赎金，并无政治目的，还优待人质。从海盗们发布的视频上可以看到海盗与人质同吃一锅饭，甚至还专门为人质开设商店。其实，这正是海盗在以温和的方式打恐怖牌。当海盗们将捕获的乌克兰、俄罗斯船员搁在一排，让美军和媒体观看时，这种恐怖效果并不亚于莫斯科剧院人质危机身绑炸弹的“黑寡妇”，只不过形式上与“基地”组织不同，但在本质上却相似。

索马里海盗不是传统的小打小闹，不像马六甲地区的海盗那样担心招来海军追杀而只抢劫中小船只，他们乐意造成国际影响，所以尽拣大的干。如今他们截获了航母级的油轮“天狼星”号，扬言拿不到赎金就将价值1亿美元的石油倒在亚丁湾里，造成迄今世界上最大的海洋污染，这是十足的生态恐怖主义宣言。

与“基地”组织对全球的危害效果一样，海盗已经远远超出刑事犯罪的范畴，他们实际上是新兴的海上“基地”组织。如果不用军事手段坚决遏制，必将快速膨胀，其行为方式也将在全球其他沿海地区传播，将使马六甲海峡、几内亚湾和亚丁湾等全球海盗活跃热点地区连成一条锁链，对国际海洋事业构成严峻挑战。

在以陆地为主的全球反恐战争取得积极进展的时候，以索马里海盗为代表的海盗恐怖主义在海上兴起，意味着国际反恐重心的转移。海盗和伊斯兰恐怖主义团伙长期在同一地区合作，其中包括阿拉伯海、南中国海以及西非沿岸海域。如今，由于广大国际社会极力冻结恐怖主义团伙的资产，他们已经把海盗活动看作获取充足资金的潜在手段。

众所周知，恐怖分子干扰全球经济的最有效手段之一就是打击石油供应。陆地目标能得到相对较好的保护，但通过海路延伸、将西方和亚洲经济体与中东联系到一起的无所不在的能源供应线比以往任何时候都更脆弱。世界石油的60%是由大约4000艘缓慢而笨重的油轮运输的。这些油轮缺乏保护，在遭到袭击时无处躲藏。

中国已从过去的能源出口国变为世界能源进口国，尤其是石油资源很大程度上依赖海外的供给。不论是中国的外贸进出口还是石油资源的进口，绝大部分都要通过海上运输来完成，中国进口石油的80%要通过马六甲海峡，全部进出口货物的60%要经过马六甲海峡，中国的贸易和石油安全很大程度上取决于马六甲海峡的状况，一旦南海航道安全出现意外，将给中国的能源安全和对外贸易造成灾难性的影响，形成“马六甲困局”。但是南海航道并不安全，海盗袭击在南海航道上时有发生，据国际海事局2010年1月发布的公告中指出，2009年全球共有406起海盗袭击事件被记录在案，其中印度尼西亚海域发生了15起海盗袭击事件，新加坡海域发生了9起海盗袭击事件，南中国海发生了13起海盗袭击事件。据统计，每年海盗给全球经济带来的损失是160亿美元，其中仅马六甲海峡地区海盗袭击的损失就高达40亿美元。猖獗的海盗袭击活动将使这条世界上最繁忙的航道变成最危险的海峡之一。

由于中国石油运输主要是来自海路，因此确保海上石油运输安全至为重要，近期索马里的海上劫掠船舶的事件，已威胁到国际海上安全，当中也有运输石油的超级油轮肇事，反映海上的反恐安保工作已迫在眉睫。

“疆独”恐怖主义：中国石油安全“桥头堡”的心腹大患

中国新疆地区的“疆独”分裂活动、恐怖活动受境外“三股恶势力”的影响和策动，呈活跃、上升势头。

从近年来的情况看，“疆独”分裂势力确实呈现出极端的色彩。与此同时，一些披着宗教外衣的恐怖主义组织纷纷成立。据披露，在境外的“东突独”组织就有数十个。在新疆境内，也有有组织、有纲领、有计划的恐怖主义组织，一些组织已形成一定规模。

这些以分裂国家为目的，以一定组织形成出现的恐怖主义组织对新疆地区的稳定与安宁构成了现实的威胁。它们培训暴力恐怖分子，积极筹集武器弹药，实施恐怖破坏活动。以1997年伊宁大规模骚乱事件为标志，新疆民族分裂活动进入活跃期，带有“圣战”色彩的暗杀、爆炸等恐怖暴力活动频繁发生。2008年在新疆乌鲁木齐爆发7·5大规模骚乱事件，2013年和2014年在中国内地连续发生恐怖袭击事件。

而作为与拥有丰富油气资源的中亚接壤的新疆将会在中国石油进口的多元化问题上起到至关重要的作用。中国最重要的石油天然气管线有一部分是直接通过新疆维吾尔自治区的。中国建造了一条长约986公里的管线，从阿塔苏开始，通过哈萨克斯坦的西北部，到达阿拉山口，这是中国进口里海石油的新疆口岸。同样，中国和俄罗斯也在讨论大型天然气管道项目，从东西伯利亚通过新疆进入中国。东西伯利亚拥有已探明的约3.82兆立方米天然气和其他可能的未知储量。科维克塔的天然气田在今后的10年内将有可能通过这些拟议中的管线向中国输送能源。阿塔苏阿拉山口石油管线和中国中亚天然气管线已成为中亚各个国家和中国经济之间的战略“环节”上的“把手”。

目前新疆有17个国家一类口岸，11个国家二类口岸，是中国口岸最多的省区。今天的新疆已经初步形成了一个连接周边国家、沟通欧亚大陆的现代通道网络。新疆已经在中国的石油安全上发挥着政治“桥头堡”作用。因此，“疆独”恐怖主义的活动已经成为影响中国石油安全的心腹大患。

中国坚决反对各种形式的恐怖主义

如前所述，近年来海外公民、机构遭受恐怖袭击的事件不断发生。其中有些是明确针对中国公民的，有些则是所在国的种族或宗教冲突间接危及到中国公民和机构的安全。此外，中国的经济安全尤其是能源通道安全也面临着恐怖主义的潜在威胁。作为中国能源运输“生命线”的马六甲海峡被认为是极易受到恐怖主义攻击的高风险地带，如果海峡通行一旦受阻，将对中国的能源安全乃至经济发展造成极大的影响。从外部环境来看，中亚、南亚和东南亚都是恐怖事件频发的地区，而且这些地区的一些组织已经逐步进入中国境内，这些都对中国的安全构成直接或间接的影响。

中国前外交部长唐家璇在谈到恐怖主义根源时说，“发展中国家的贫穷与动乱，最容易导致恐怖主义，我们只有实现共同发展，才能消除恐怖主义的根源”。铲除恐怖主义，应该在缓和地区及国际紧张局势、消除贫困和加强反恐合作三个方面同时展开。要不断健全和完善有关法律，为打击恐怖主义活动提供更加完备的法律依据；在组织机构方面，不断建立健全反恐机制，以提高国内的反恐能力。同时，我们重视与周边国家的反恐合作，不断加强与中亚、南亚、东盟、欧盟等相关国家和地区性组织的反恐合作，包括加强情报交流，促进务实合作，采取适当金融措施、防止恐怖主义的资金流动，加强各国反恐能力建设等等。上海合作组织的形成和发展是中国与俄罗斯、中亚国家在反恐方面合作较为成功的典范。在双边合作领域，中国与美国、俄罗斯、英国、法国、巴基斯坦、印度等国分别进行反恐磋商，开展反恐情报交换，加强在冻结恐怖组织资产等金融方面合作等。同时还与一些国家举行了联合反恐军事演习。

需要指出的是，中国的反恐政策，坚持了以下四条基本原则：

——谴责并反对各种形式的恐怖主义行径；

——弄清恐怖主义的行为与根源；

——制定完整的反恐规划；

——国际反恐行动，必须坚持联合国的领导地位。

中国的反恐经历，与美国有着显著的差异。在国际上，一开始中国不是恐怖分子的主要袭击目标，而在国内方面，深受恐怖主义的祸害。“东突”分裂分子在中国制造了一系列恐怖事件。据统计自1990年以来，“东突”恐怖分子共发动260次恐怖袭击，导致170人死亡，440人受伤。

“9·11”事件后，中国政府开始将国内的“疆独”分裂势力与基地组织挂钩。前副总理钱其琛称，在美军发动“持久自由行动”之前，大约1000名中国“疆独”分子接受了塔利班基地组织的武装训练，在美国的关塔那摩监狱，囚禁着10多名中国“疆独”恐怖分子。中国逮捕了100余名秘密渗入中国内地，企图进行恐怖袭击的恐怖分子。据在关塔那摩关押的恐怖分子透露，基地组织与“疆独”势力存在着经济联系。中国政府已经将打击疆独势力纳入国际反恐体系。2002年8月26日，美国正式将“东突”列入恐怖分子名单，随后，联合国也迅速通过类似决议。

上海合作组织：反恐和能源合作的国际组织

中国是上海合作组织的主要成员。上合组织致力于反对中亚地区的恐怖主义，包括中国新疆自治区的分裂势力。确切地说，上海合作组织是最早打出反恐旗帜的国际组织之一，成员包括中国、俄罗斯、哈萨克斯坦、吉尔吉斯斯坦、塔吉克斯坦和乌兹别克斯坦。安全合作一直是其重点合作领域，核心是打击恐怖主义、分裂主义和宗教极端主义“三股势力”。“三股势力”对世界和平、稳定与发展构成的威胁有目共睹。在中俄周边，特别是中亚地区，“三股势力”曾造成很大危害。上海合作组织各国将打击“三股势力”、维护地区稳定作为组织主要宗旨，最早签署了打击“三股势力”的“上海公约”，并专门在塔什干建立了地区反恐怖机构。随后又评估了地区反恐机构作为常设机构的作用。目前上合组织的安全合作，向着更为务实和细致的方向发展。比如，由于中国新疆和中亚地区贩毒势力与“三股势力”相勾结、为其提供资金支持的现状，禁毒也开始成为一项重要合作内容。

2007年9月，上合组织成员国就在反恐情报信息、安全措施、突发事件处置等方面进行了交流和共享，协助中国在北京奥运期间应对恐怖暴力犯罪。

在上合组织的反恐大棋盘上，另一个重要的趋势是，阿富汗问题的重要性日益提升。阿富汗是公认的国际恐怖主义源头之一。塔利班虽局限在阿富汗境内，但同跨国恐怖主义的联系极为密切。上合组织在阿富汗周边建立了“禁毒带”，采取措施打击恐怖主义，并推动阿富汗社会经济的重建进程。上合组织也已成立了“上海合作组织—阿富汗”联络小组，为打击非法贩卖毒品、麻醉品及其相关产品开展多边合作。在地缘政治上与阿富汗比邻而居的上海合作组织各国，如何应对阿富汗引起的世界反恐局势变动，“需要极大的政治智慧”。

能源合作是上海合作组织的另一个重大看点。

上合组织各成员国的能源结构具有天然的互补性：俄罗斯、哈萨克斯坦以及作为观察员国的伊朗是重要的能源输出人国，乌兹别克斯坦也有一定的能源输出潜力，主要的能源消费国是中国，还有观察员国印度、巴基斯坦和蒙古。因此，在上海合作组织框架内恰好形成了在能源问题上的互补结构，而且它们在地理上又构成了一个整体。学者赵华胜指出，在上海合作组织的框架下可以形成一个完整的能源合作体系，包括供需体系和运输体系。

虽然上合组织在石油市场上不占据主导地位（上合组织成员国加上观察员国伊朗的石油储量仅占世界的20%），但是在天然气方面，俄罗斯、上合组织中亚成员，加上伊朗的储量超过世界总储量的50%，因此上合组织内部的能源合作潜力巨大。此前在中国提出能源合作建议时，俄罗斯反应冷淡，但随着国际能源市场的变化，俄罗斯的立场正在改变。有分析人士认为，俄罗斯想尝试在中亚地区组建类似于欧佩克那样的能源组织，以便控制当地的能源资源。但随着形势的发展，俄罗斯也曾提出，在上合组织的框架内成立“能源俱乐部”的构想，以协调各成员国的能源开采和运输方案，兼顾石油天然气出口国和进口国利益。如果上合组织框架下的“能源俱乐部”能够促进多边合作，改变目前主要依靠双边合作，竞争性大于互补性的局面，那么“能源俱乐部”将是一个多赢的制度安排。

中美联合打击恐怖势力

中国在反对恐怖主义的活动上，也直接与美国进行反恐合作，一直发挥着建设性的作用。对外，中国积极支持联合国的所有反恐决议，包括1368号决议和1373号决议。对内，中国增修刑法，将恐怖行为以及为恐怖分子提供资金明确定性为犯罪。同时，中美两国还采取联合措施，共同阻断恐怖分子的资金来源。

确保口岸安全。中国支持美国对集装箱进行安全检查，标志着双方找到一个重要的合作领域。每年大约有1600万个货物集装箱进入美国，其中2/3是通过海洋运输。2002年2月22日，美国海关宣布成立集装箱安检机构，以防止大规模杀伤性武器随货物集装箱进入美国。

按照美国的计划，美国海关向全球20个主要大港口派驻安检人员，这些安检人员驻留外国港口，与当地官员合作，在货物起程运往美国之前就要滤出那些危险物品。这20个大港口的货物吞吐量，占美国集装箱进口量的2/3。

中国政府决定支持并加入这一计划。2003年5月，香港首先加入，两个月后，上海及深圳也先后加入该计划。

加强联合反恐力度。2002年10月份，美国司法部长对中国进行了为期3天的访问，宣布在中国成立联邦调查局北京办事处，这是中美合作反恐的另一个重要领域。在此之前，联邦调查局曾在北京派驻过一名临时的反恐专家，现在的常设机构，主要处理反恐、跨国犯罪以及其他相关法律问题。作为回报，中国有权分享所有关于亚洲恐怖活动的情报，同时中国保留在美国对等设立类似机构的权力。

中美分享情报，共同破获了几起重大跨国犯罪。尽管这有些超出反恐的范畴，但布什政府认为跨国犯罪与恐怖活动存在着某种联系。2003年5月，美中两国的执法人员共同破获了一起即将运往美国的海洛因案件，逮捕了该犯罪团伙的中方头领。另外，在北京的支持下，香港警方向美国移交了几名美警方一直通缉的要犯。

维护恐怖主义敏感地带的海外利益的建议

近年来，随着中国对外贸易、投资、援助和各种形式的经济合作的大幅度提升，中国海外利益也不断扩大。恐怖主义的扩散已对中国在海外的利益构成了重大的威胁。中国应特别重视恐怖主义扩散对安全局势的影响，并作出积极和建设性的努力，维护国际和有关地区稳定，保护中国海外利益，保证中国与海外的经济、贸易、能源、投资、企业和中国公民安全。

首先，迅速建立海外投资国安全风险评估—预警机制和安全保护执行机制。针对境外安全风险的防范，国务院办公厅的文件曾指出，要建立境外安全突发事件应急处理机制及境外安全风险监测和预警机制，定期向对外投资合作企业通报境外安全信息，及时发布境外安全预警。面对恐怖主义扩散的威胁，中国可在以下几个方面着手。在对内机构设置层面：在国家安全委员会的领导下，由外交部会同商务部牵头，财政部拨款，在各相关机构的研究中心以及在有着重大经济利益的大企业的相关研究所中设立安全风险联合评估项目小组，专门从事对地区恐怖主义活动的跟踪研究，评估该地区的安全风险并进行短、中、长期的预测分析，定期向国家安全委员会报告；国家安全委员会可根据风险等级向该地区大使馆和领事馆发出预警，并由他们通知所辖地域的中资企业和人员。在对外操作执行层面：在外交部牵头建立安全保护执行机制，把包括相关地带安全问题纳入其中；建立中国使、领馆的协调机制，收集该地区安全及恐怖主义活动的信息，在紧急情况下协调行动，并对该地区中资企业机构和人员的安全工作进行一线指导和管理，及时传达国内的指示要求，定期到企业和项目现场进行安全巡查；建立敏感地带的中国领事机构对中国企业和公民的信息登记制度，加强领事馆同企业和海外公民之间的安全信息交流和共享，以便在遇到紧急情况时有效保护中国企业和海外公民。

其次，在多层面上建设反恐与安全合作机制。在联合国层面，作为安理会常任理事国，中国可在联合国对敏感地带的维和行动及行动方案的制定上发挥建设性作用。今后，中国可以利用联合国安理会平台，进一步推动建立相关敏感地带安全问题的综合战略，增进与国际社会的协调。在区域层面，应派专门人员负责与相关区域安全事务的重要机构，对敏感地带的安全局势、恐怖主义组织、跨境犯罪等问题搜集全面信息，建立安全合作机制，可与其共同制定反恐计划，并为计划的实施提供培训、资金和技术支持，推动实现敏感地区的和平与稳定，从而保证中国在该地区的利益免受损失。

再次，在两个双边层面上加强国家间的反恐协调与合作。其一，在尊重主权和遵守国际规则的前提下，中国应对与中国重大利益相关的敏感地带国家的安全问题采取“建设性介入”的政策。拓宽与该地区国家在恐怖主义等安全问题上的多元沟通渠道，包括中国大使馆与该地区国家安全机构的沟通、中国领事馆与地方政府的沟通以及中国企业与当地民间团体的沟通。在中国经济利益集中和人员活动频繁而恐怖主义较猖獗的地区，中国应争取敏感地带国家给予军事和警察方面的重点保护。其二，与相关发达国家协调合作，共同反恐。由于西方发达国家多在敏感地带具有特殊利益，中国与西方发达国家在敏感地区合作反恐，一则可借助他们的力量保护中国的利益，二则可以少遭西方国家以及西方右翼势力的诟病，维护中国的国际形象。

最后，建立该地区中资企业和人员的联合防范机制。恐怖主义敏感地带的中资企业应设专门人员负责企业防范恐怖主义及其他突发事件的工作，积极配合领事馆定期对企业的外部环境进行安全评估。中资企业机构和项目驻地必须配备必要的安全保卫设施，并根据当地安全形势雇佣当地保安或武装警察，以增强安全防护能力，提高安全防护水平。企业还应加强对劳务人员安全知识的宣传、教育和培训，保证他们在面对突发事件时能有效应对恐怖袭击，确保自身安全。对前往敏感地带的各类流动人员，相关机构应在其出国前进行安全教育，使他们能及时向其所在企业或领事馆上报活动信息，从而最大限度地降低敏感地带中国企业运营的外部风险，保证该地区中国公民的人身安全。

本章结语

“911事件”后，恐怖主义几乎成为国际政治生活中使用频率最高的词汇，也改变了世界原有经济政治格局。当前，中国已经进入了恐怖主义活动的高发期，中国能源企业的投资大多位于中东、非洲、拉美等地区。油气开发、生产和运输过程漫长并且具有安全脆弱性，使得油气设施和相关人员极易沦为恐怖主义袭击的靶子；针对油气设施和人员的国际恐怖主义活动已经对世界经济和安全构成巨大威胁并为国际油气安全的前景蒙上了浓厚的阴影。中国要充分认识恐怖主义与石油安全的重大关系，积极反恐治恐，维护包括石油安全在内的国家安全。

参考文献

[1] The New York Times, June17, 1998.

[2] Richard Hass, "Fatal Distraction: Bill Clinton's Foreign Policy," Foreign Policy, fall, 1997.

[3] Damien Ma / William Adams In Line Behind A Billion People: How Scarcity Will Define China's Ascent in the Next Decade. P1: FT Press, 2013-09-08.

[4] Paul Kennedy, The Rise and Fall of the Great Powers: Economic Change and Military Conflict from 1500 to 2000 (New York, 1987).

[5] Li Keqiang, The world should not fear a growing China, Financial Times, January 9, 2011.

[6] 邓小平:《邓小平文选》（1-3卷），人民出版社，1994年版.

[7] 习近平：《习近平谈治国理政》，外文出版社，2014年版.

[8] 张清敏：《中国外交》，北京：五洲传播出版社，2010.

[9] 张清敏：《国家利益与中对外政策》，战略评论，2012年6月

[10] 何沙，秦扬：《国际石油合作法律基础》，石油工业出版社，2013年版.

[11] 何沙，秦扬：《疯狂的石油》，石油工业出版社，2010年版.

[12] 何沙，秦扬：《国际政治经济与石油安全战略研究》，石油工业出版社，2011年版.

[13] 何沙，秦扬：《挑衅：中国近海争端的石油大图谋》，石油工业出版

社，2011年版.

[14] 威廉·恩道尔：《石油战争:石油政治决定世界新秩序》，世界知识出版社，2008年版.

[15] 马修·R·西蒙斯：《沙漠黄昏》，华东师范大学出版社，2006年版.

[16] 查道炯：《中国石油安全的国际政治经济学分析》，当代世界出版社，2005年版.

[17] 王列等编译：《全球化与世界》，中央编译出版社，1998年版.

[18] 王珂：《对外经济，全方位开放》，《人民日报》，2013年11月26日.

[19] 沈越：《经济全球化与中国经济发展的长期优势》，http://www.sheitc.gov.cn/gdxd/650447.htm.

[20] 潘光：《改革开放30年来的中国能源外交》，国际问题研究，2008年第6期.

[21] 《我国2013年的石油进口量增速放缓》，中国石油报，2014年1月28日.

[22] 沈越：《经济全球化与中国经济发展的长期优势》，http://www.sheitc.gov.cn/gdxd/650447.htm.

[23] 尾崎春生：《中国的强国战略：日本人解读中国的2050》，东方出版社，2012年版.

[24] 中国科学院中国现代化研究中心：《中国现代化报告2005：经济现代化研究》，北京大学出版社，2005年版.

[25] 王进雨：《美人均GDP比中国高15倍，中国追赶差距需几十年》，法制晚报，2011年5月29日.

[26] 马西恒：《全面建成小康社会与民族复兴的新征程》，文汇报，2012年12月31日.

[27] 朱峰：强国之路上的资源外交，www.xinhuanet.com，2005-06-28.

后记

目前，中国石油年消费量超过5亿吨，国内大庆、胜利、华北等大型油田稳产增产的压力都在不断加大。与此同时，近年来中国石油进口不断增加，2014年我国石油对外依存度已接近60%，2015年4月中国石油进口量达740万桶/日，超过了美国720万桶/日的纪录，创历史新高，成为世界最大的石油进口国。加上中国海上石油运输通道存在一定风险，能源安全还存在较大脆弱性。石油依赖程度的增加本身也将促使中国进一步融入国际社会。这意味着中国将提升对国际事务的参与度，保证全球稳定，例如参与多边反恐倡议等。中国石油进口量超越美国，将影响全球能源市场运作，并改变中国目前的货币策略以及外交行为。过去，美国卷入中东问题，一个重要原因是中东的石油，美国必须确保石油安全。现在美国正逐渐从中东抽身，中国则成了中东石油的最大主顾，中东的动荡，无疑会影响中国的石油安全，这对中国外交提出了更大的考验。所以，我们看到，中国外交也在调整，看似不经意的举动，其实都是在进行宏大的布局。

本书作为“读点石油财经系列”丛书的一部分，就当前中国石油安全领域呈现出哪些新的历史特点、面临怎样的形势任务，依托世界石油政治和中华民族伟大复兴的宏大坐标，从宏观上作出审视和探讨。本书从2011年就开始构思，原准备在2011年底以前完稿的，但由于工作十分繁忙，又有其他科研任务不容分身，只好将自选的这一课题的写作进度放慢下来，直到2015年春才完成。

本书主要由西南石油大学和四川旅游学院的相关学者完成，全书由秦扬、李秀铎担任主编，负责拟定写作提纲并进行书稿总纂；何沙、吴小莉担任副主编，协助主编的修改、统稿等工作。本书的撰写过程中，西南石油大学的秦扬、何沙、庞敏、朱林、周秋旭，四川旅游学院的李秀铎、吴小莉、刘帅，北京大学国际关系学院的刘念鸿，内蒙古科技大学的张素萍，成都理工大学的罗丹，浙江金衢丽天然气有限公司的姬荣斌，中国石油西部钻探阿克套项目徐腾，成都信息工程大学李雅静和中国民航飞行学院的乔力广等同志承担了大量的撰写、编辑和校对工作。上述单位的领导和同仁们对本书的完成也给予了大力的支持。

本书写作期间，还得到了西南石油大学和四川旅游学院有关部门的指导和帮助。在书稿形成过程中，得到西南石油大学马克思主义学院和文法学院陈东升、王可立、卜芯、谷峰、孙一峰、韩晓辉、李春红、赵宇馨、杨光、马振洲等多届研究生同学的帮助，他们或收集资料，或参加研究讨论，为本书贡献了力量与智慧，在此一并表示感谢。

感谢石油工业出版社的包容鼓励和独具慧眼；感谢北京大学张清敏教授

拨冗作序；感谢自始至终对石油政治关注的朋友们；感谢家人的理解与默默支持；感谢自己的坚持不懈。当匆匆地完成这部书稿时，似乎才真正体味出“道可道，非常道；名可名，非常名”这句古老格言的深刻意蕴来。本书中的观点主张，是笔者长期以来根据对世界政治经济及中国现实发展情况的深入研究得出的一些意见，经过若干时间后，可能会更新其中一些观点，但相信总有一部分是有价值和值得参考的。限于学识和水平，书中错漏难免，敬请读者批评指正。

秦　扬　李秀铎

2015年5月于成都

读石油版书，获亲情馈赠

亲爱的读者朋友，首先感谢您阅读我社图书，请您在阅读完本书后填写以下信息。我社将长期开展“读石油版书，获亲情馈赠”活动，凡是关注我社图书并认真填写读者信息反馈卡的朋友都有机会获得亲情馈赠，我们将定期从信息反馈卡中评选出有价值的意见和建议，并为填写这些信息的读者朋友免费赠送一本好书。

布局：中国石油安全的外交战略

1. 您购买本书的动因（可多选）

☐ 书名　☐ 封面　☐ 内容　☐ 价格

☐ 装帧　☐ 纸张　☐ 双色印刷

☐ 书店推荐　☐ 朋友推荐　☐ 报刊文章推荐

☐ 作者　☐ 出版社　☐ 其他 ____________

2. 您在哪里购买了本书（若是书店请写明书店地址和名称）？

____________________ 购书时间 ________

3. 您是怎样知道本书的（可多选）？

☐ 报刊介绍 ____________（报刊名称）　☐ 朋友推荐 ____________

☐ 网站 ____________（网站名称）　☐ 书店广告 ____________

☐ 书店随便翻阅　☐ 其他 ____________

4. 您对本书的印象如何（可多选）？

封面：☐ 新颖　☐ 吸引眼球　☐ 一般，没创意　☐ 不适合本书内容

内容：☐ 丰富　☐ 有新意　☐ 一般　☐ 较差

排版：☐ 新颖　☐ 一般　☐ 太花哨　☐ 较差

纸张：☐ 很好　☐ 一般　☐ 较差

定价：☐ 太高　☐ 有点高　☐ 合适　☐ 便宜

5. 您对本书的综合评价和建议（可另附纸）。

____

____

● 您的资料：

您的姓名 ________ 性别 ________ 年龄 ________ 职业 ________

学历 ________ 电话（写明区号）________ 手机 ________

电子邮件 ____________________ 邮编 ________

通信地址 ____________________________________

● 我们的联系方式：

地　　址：北京市朝阳区安华西里三区18号楼1103室　刘辉

邮　　编：100011　　网址：www.petropub.com.cn

销售部电话：010-64252978　　编辑部电话：010-64523604